いのち いしずえ

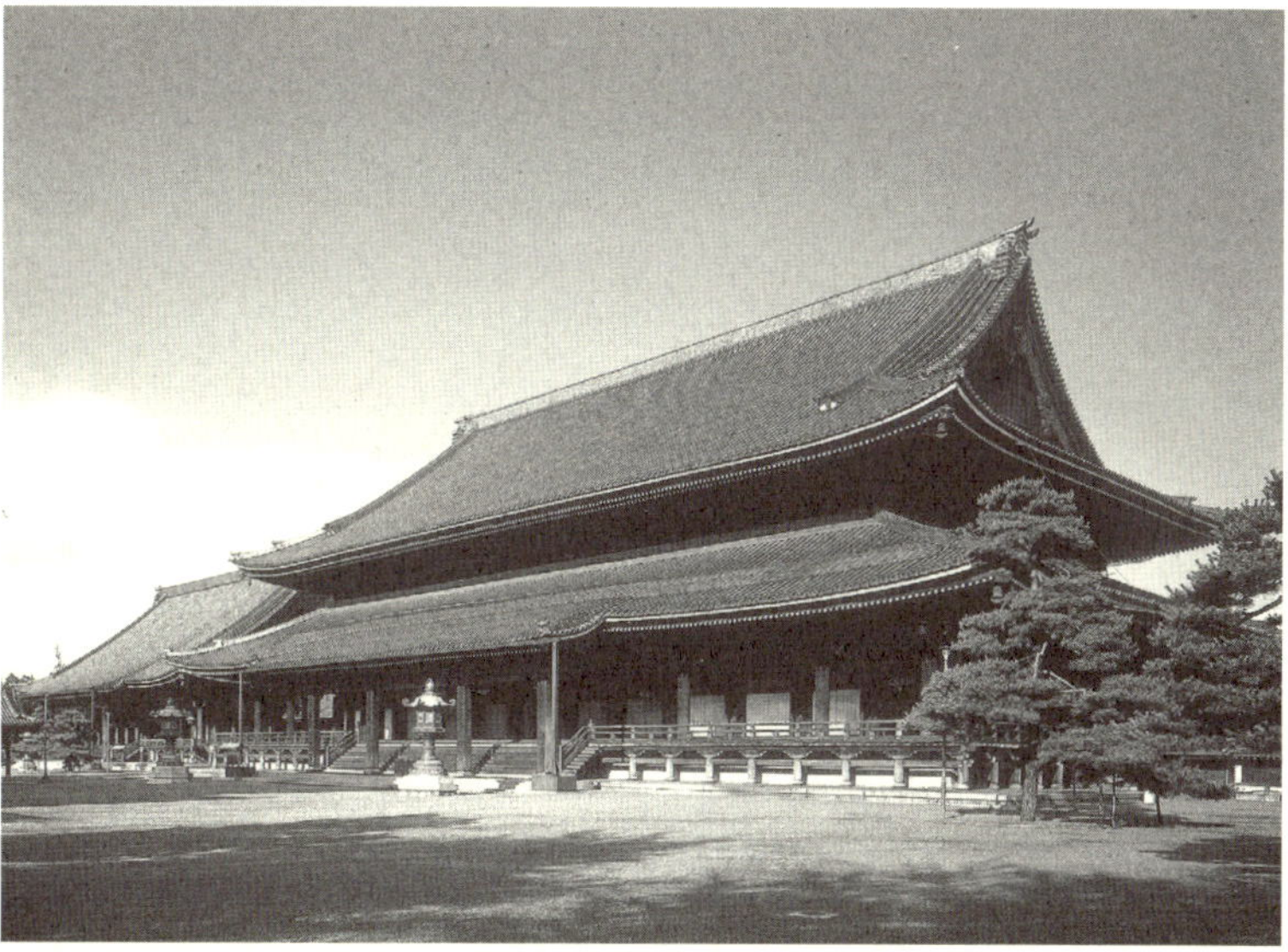

事故現場を見おろす報尽為期碑

報尽為期碑 正面

報尽為期碑 背面

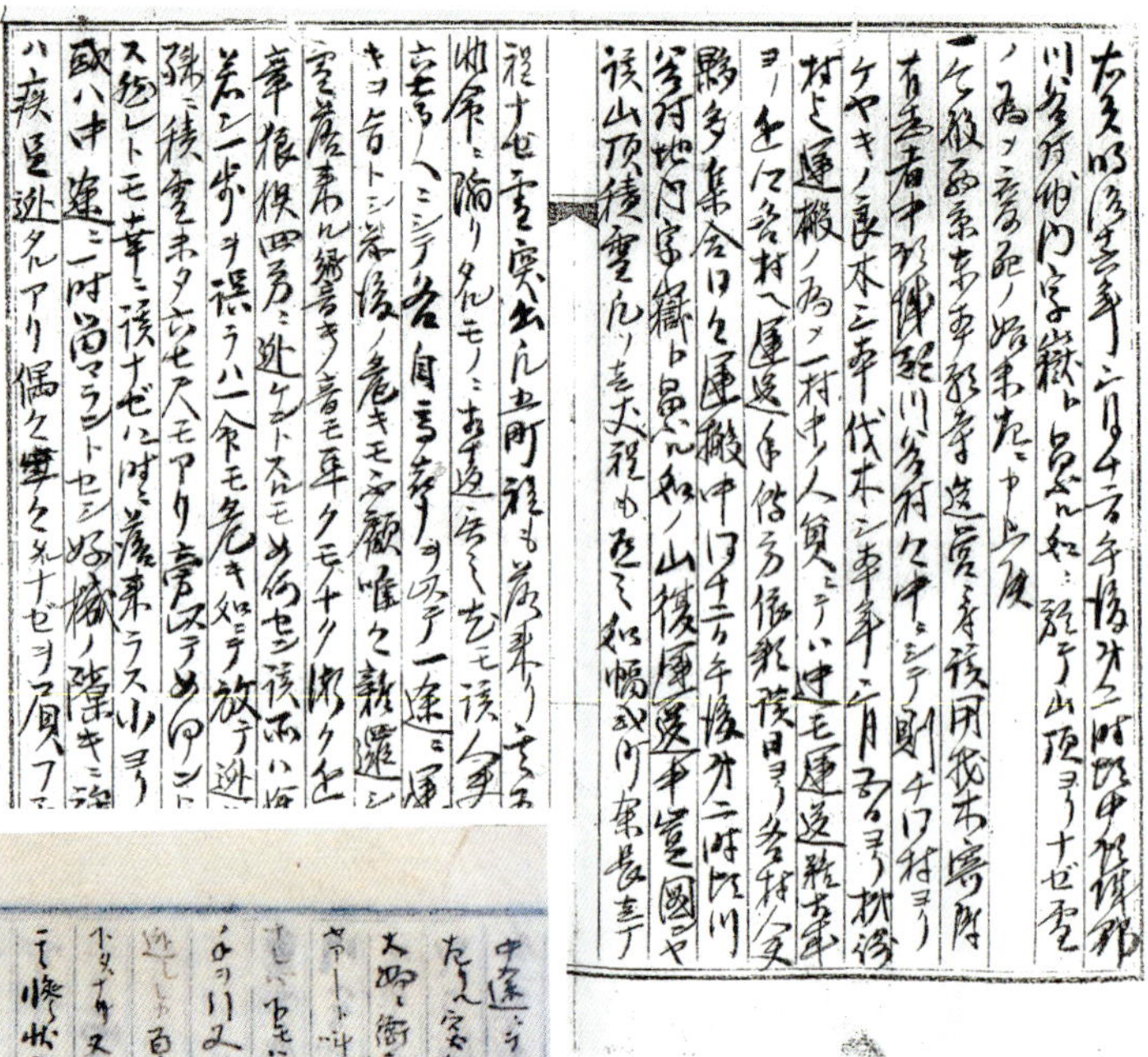

中条家文書　右より四行目から「一今般西京東本願寺造営ニ付該用材木寄付有志者中頸城郡川谷村々中ニシテ…」と書かれている。

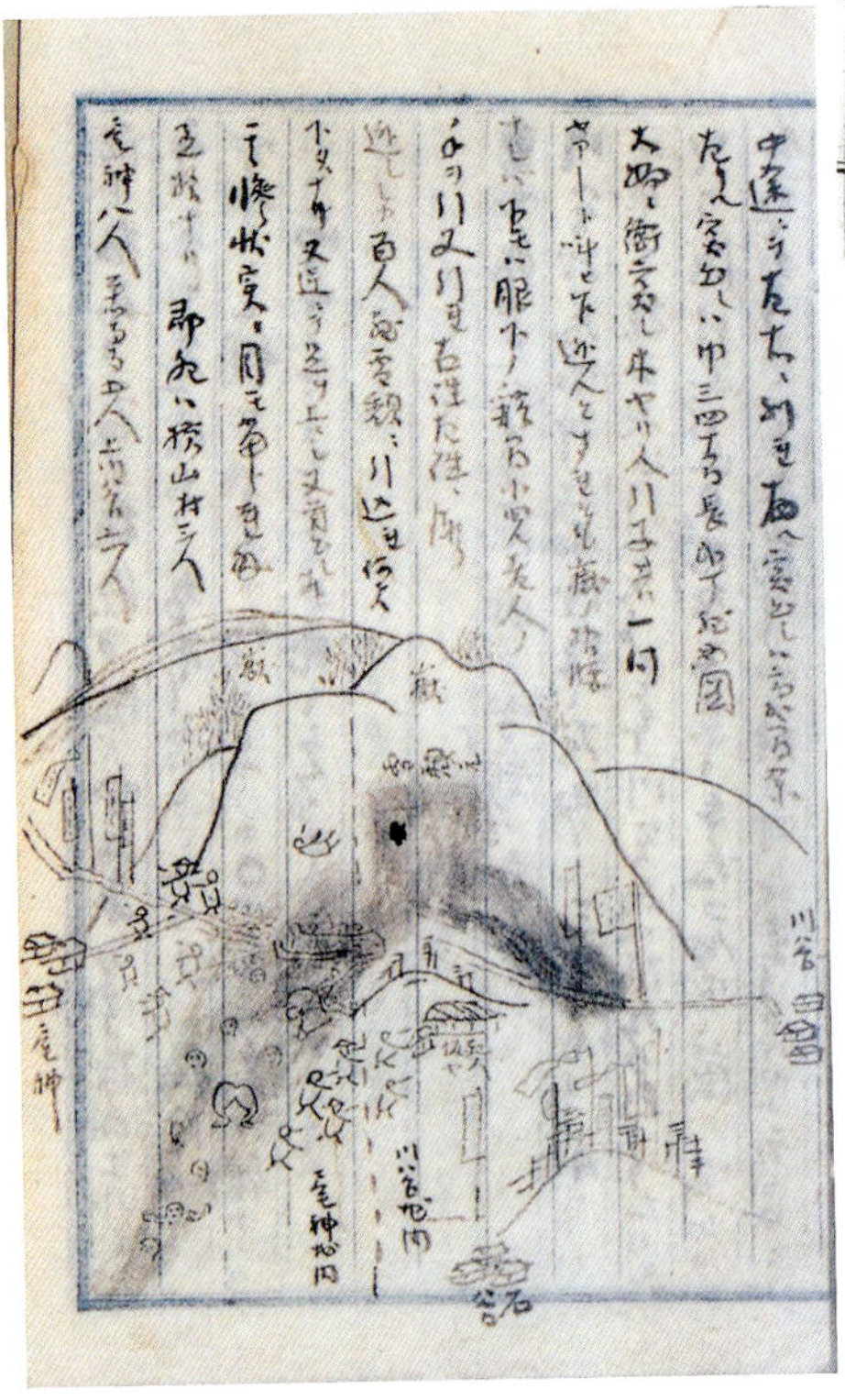

木村家文書　「川谷村黒姫神社境内木伐採シ…」と書かれている文書。図は雪崩遭難後の救出の様子を描いたもの。たくさんの幟や旗と共に雪に埋まった人々や仮死人小屋が描かれている。右下に川谷、左下に尾神、真下に石谷とある。

尾　神　岳

尾神岳山塊の右奥が雪崩遭難場所。中央左寄り山塊の下が東横山。
大橇は尾神岳の中腹を右より左方向に進んだとされている。

報尽為期碑より見る雪崩遭難場所

大橇は右より進み写真中央で雪崩に遭遇したとされる。
その後、大橇は写真の左側奥を抜けて東横山へ向った。

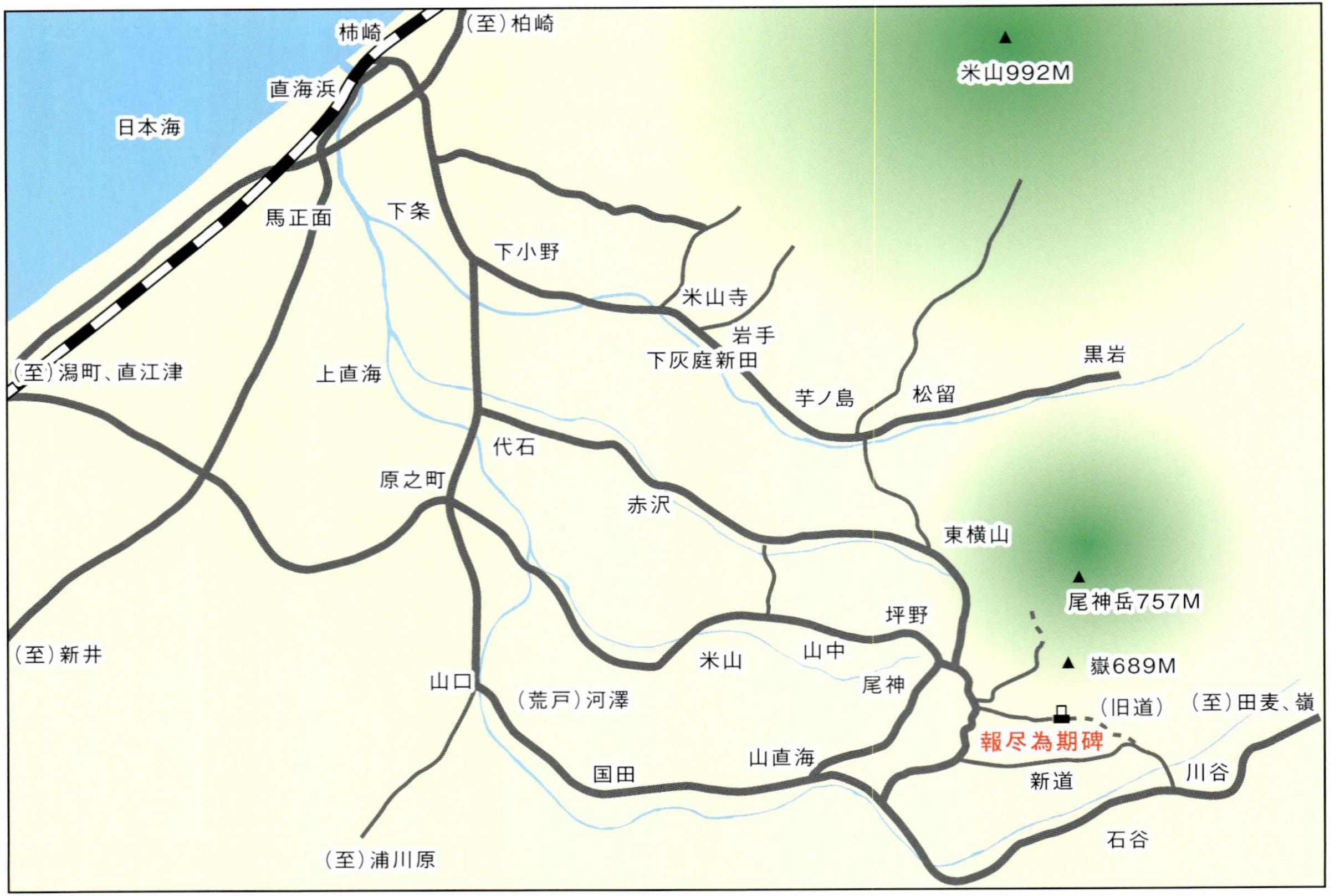

越後国頸城郡北部略地図

序文

浄土真宗の宗祖である親鸞聖人は弘長二（一二六二）年に亡くなられたので、来る平成二十三（二〇一一）年は七百五十回忌、すなわち「親鸞聖人七百五十回御遠忌」を迎える。九十歳の聖人の一生は波乱万丈の生涯であったが、なかでも承元元（一二〇七）年に幕府から専修念仏を禁止され、師法然上人とともに念仏弾圧を受け（「承元の法難」というが、「建永の法難」ともいう）死刑を宣告されたが流罪となり、法然上人は讃岐国（現、香川県）に、親鸞聖人は越後国（現、新潟県）に流された事件は、聖人が真実のこころ（他力信心）を説く大きな機縁となった。

この流罪から数えて本年は八百年という記念すべき節目の年を迎え、とくに越後の地である真宗大谷派高田教区では「親鸞聖人越後御流罪八百年法要年」と位置付け、さまざまな法要・記念大会および記念事業が開催される。

記念事業の一つとして「尾神嶽報尽碑修復並びに『尾神殉難誌』増補改訂版出版」が計画されている。上越市吉川区に位置する尾神岳山中で、明治時代に御影堂・阿弥陀堂の両堂再建のための献木を運搬する途中で突然の雪崩が起き、ご門徒二十七人が遭難されるという、たいへん悲しい出来事があった。この顕彰碑の修復とともにその記録誌である『尾神殉難誌』を増補改訂して出版されるという。

この記念すべき年に、地元の上野實英師（真宗大谷派養善寺住職）が数年間の綿密な聞き取り採訪および文書調査を経て『真宗本廟再建悲話　いのち　いしずえ』を上梓された。殉難者のご苦労を偲ぶとともに、宗祖親鸞聖人に遇い、著者自らの生き方を問うための一個人の出版とはいえ、殉難の歴史を後世に、あるいは若者に伝えるという語り部としての責務に熱い思いを感じた。本書はまさに錦上に花を添える出版である。全真宗門徒にご一読をお勧めする次第である。

二〇〇七年三月

真宗大谷派宗務総長　熊谷宗恵

真宗本廟再建悲話　いのち　いしずえ●目次

まえがき

二〇〇七年の今日この日も、大勢の人が修復工事が進む御影堂を訪ねておられることだろう。その大きさ、その精巧さ、その工夫、一つひとつに感嘆するとともに、明治度再建の全国の門徒の方々の願いがフツフツと胸に伝わってくることと思う。再建当時、全国の門徒は、御聖人のお堂を建てる機会に遭遇したことを喜び、献身的に努力したのである。残された当時の資料に出会うたびに、門徒一人ひとりの行為は、いのちをお預かりして生きているという感謝の現れであったように思われてくる。

京都の御影堂を訪ねて、このような人々の願いを知ることは大切なことであるが、それと同時に再建のために犠牲となったたくさんのいのちがあったことにも想いを巡らせていただきたい。両堂は、その人たちの尊いいのちを礎にして建てられたのである。今回の修復工事にあたり、あらためて当時の殉難者の遺徳を偲ぶことも大切なことである。

なかでも明治十六（一八八三）年三月十二日、越後国頸城郡川谷村地内（現、上越市吉川区川谷）の尾神岳での雪崩遭難事故は、再建工事にまつわる最も悲惨な事故であった。再建用材を積んだ大橇が、引子や見物人と共に雪崩に巻き込まれ、二十七名の殉難者をだした事故である。地元では、殉難者から信心の教えをいただき、いつまでも念仏もうす生活を送りたいと願って、遭難現場近くに本山からいただいた碑文「報盡為期」を刻んだ石碑を建てた。それは明治二十（一八八七）年九月のことであった。

しかし、時代を経るとともに、その碑の存在を知る人も少なくなっていった。殉難者のいのちを忘れてしまったのは、信心が薄れたためであろうか。御影堂、阿弥陀堂という両堂が立ち続ける限り、真宗大谷派門徒には「報盡為期」と刻まれた石碑にまつわる殉難事故の話を語り伝える責務があろう。またその責を果たし続けることが、真宗の法灯を守り育てることでもある。

これまで数年間、聞き取りや文書を調べてきた結果、今までに発刊されてきた雪崩遭難事故を伝える書物の記述内容に、多くの部分で訂正が必要になってきた。そのため、今回の御影堂修復工事を機として、尾神岳の雪崩遭難事故をあらためて記述することにしたのである。

粗末な文章であるが、第一部は、子どもたちにも読めるように、また読み聞かせができるように、史実に添って創作した物語である。第二部は、史実に添って遭難事故と報尽為期碑の建立とその後の変遷を記述したものであり、第三部はその資料編である。

この書が、百数年以前の両堂再建の際の殉難者を偲ぶとともに、宗祖親鸞聖人に遇い、自らの生き方を問うために、少しでも役立てていただけることを願うものである。

いのち　いしずえ

殉難物語

新潟県上越市吉川区《にいがたけんじょうえつしよしかわく》にある標高《ひょうこう》七五七メートルの尾神岳《おかみだけ》。その山腹《さんぷく》に御影堂《ごえいどう》のいしずえとなって殉難死《じゅんなんし》した二十七人《にん》を祀《まつ》る石碑《せきひ》がある。

その殉難事故《じゅんなんじこ》は明治《めいじ》十六（一八八三）年《ねん》三月《がつ》十二日午後《にちごご》二時《じ》のこと。雪中《せっちゅう》、二千人近《せんにんちか》くの門徒《もんと》が御影堂《ごえいどう》の再建用材《さいこんようざい》を運《はこ》ぶ大橇《おおぞり》を引《ひ》いていたときに大雪崩《おおなだれ》に襲《おそ》われたのである。

その殉難者《じゅんなんしゃ》の中《なか》に、死別《しべつ》した両親《りょうしん》を偲《しの》んでお内仏《ないぶつ》に手《て》を合《あ》わせて生活《せいかつ》していたヨシという十歳《じっさい》の女《おんな》の子《こ》がいたと伝《つた》わる。

この物語《ものがたり》は、そのけなげな子《こ》の姿《すがた》を史実《しじつ》にもとづいて再現《さいげん》したものである。

明治《めいじ》十六（一八八三）年《ねん》三月《がつ》十二日《にち》の夜明《よあ》け前《まえ》のことでした。ヨシは色《いろ》とりどりの蓮華《れんげ》の咲《さ》く池《いけ》の縁《ふち》に立《た》っていました。ヨシは、その蓮葉《はちすは》の先《さき》から水玉《みずたま》が七色《なないろ》に輝《かがや》きながらこぼれ落《お》ちる様子《ようす》にうっとりしているとき、向《む》こう岸《ぎし》からヨシを見《み》ている人《ひと》がいることに気《き》づきました。その人《ひと》はお内仏《ないぶつ》の如来《にょらい》さまのようにきれいな人《ひと》でした。ヨシがどなただろうと思《おも》って見《み》ていると、その方《かた》は、にっこりとうなずかれたのです。ヨシはその笑顔《えがお》にびっくりしました。その人《ひと》こそヨシが会《あ》いたかったお母《かあ》さんだったからです。

ヨシは「おかあさん、おかあさーん」と大《おお》きな声《こえ》で呼《よ》ぼうとしました。しかし、どうしたことでしょうか、声《こえ》が出《で》ません。急《いそ》いでお母《かあ》さんの近《ちか》くに駆《か》けていこうにも、思《おも》うように足《あし》が動《うご》きません。ヨシは泣《な》きながら苦《くる》しんでいると、目《め》が覚《さ》めました。

「夢《ゆめ》だったのか」。ヨシは気落《きお》ちして、涙《なみだ》にぬれた目《め》をふきました。夢《ゆめ》で会《あ》ったお母《かあ》さんはヨシが六歳《さい》のときに亡《な》くなったのです。その同《おな》じ年《とし》に相次《あいつ》いでお父《とう》さんも亡《な》くなったため、子どもを授《さず》からない平等寺村《びょうどうじむら》の友吉《ともきち》・スイ夫婦《ふうふ》のところへもらわれてきたのです。

ヨシが九歳《さい》になった去年《きょねん》のこと、友吉《ともきち》・スイ夫婦《ふうふ》が十数年《じゅうすうねん》待《ま》ち望《のぞ》んでいた子《こ》どもが生《う》まれました。生《う》まれた子《こ》は女《おんな》の子《こ》でサカと名《な》づけられました。ヨシにとってもかわいい妹《いもうと》で、家《いえ》の中《なか》が急《きゅう》に明《あか》るくなったようでした。

それからのヨシは、毎日《まいにち》サカを背負《せお》い、畑《はたけ》や田《た》で働《はたら》く母《はは》スイのところへ乳《ちち》を飲《の》ませに通《かよ》い、サカの子守《こもり》をしながら食事《しょくじ》の支度《したく》をするようになりました。

ヨシは、夢《ゆめ》で会《あ》った母《はは》にもう一度《いちど》会《あ》いたいと思《おも》って目《め》を閉《と》じようとしたとき、母《はは》スイの言葉《ことば》を思《おも》い出《だ》しました。

「東本願寺《ひがしほんがんじ》（真宗大谷派本廟）の再建用材《さいこんようざい》を積《つ》んだ大橇《おおぞり》が、尾神岳《おかみだけ》をのぼるのに、てまどっているそうだ。あしたは母《かあ》さんも父《とう》さんと一緒《いっしょ》に大橇引《おおぞりひ》きに行《い》くから、おまえも一《いっ》緒《しょ》に行《い》ってサカの子守《こも》りをしてくれ」といわれていたのです。

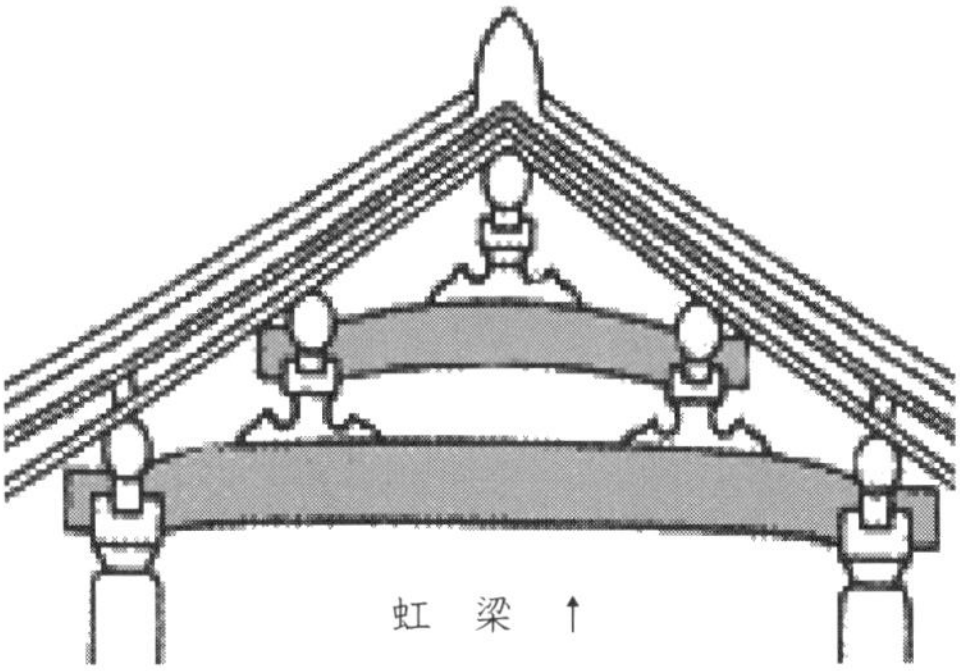

東本願寺《ひがしほんがんじ》の御門首《ごもんしゅ》さんから全国《ぜんこく》の門徒《もんと》に向《む》けて、元《げん》治《じ》元《がん》（一八六四）年《ねん》に焼失《しょうしつ》した御影堂《ごえいどう》と阿弥陀堂《あみだどう》を再《さい》建《こん》するという報《し》らせがだされたのは、明治《めいじ》十二（一八七九）年《ねん》五月《がつ》のことでした。すると、全国各地《ぜんこくかくち》から「わたしたちの村《むら》の木《き》を再建《さいこん》に使《つか》ってください」という献木願《けんぼくねがい》がぞくぞくと東本願寺《ひがしほんがんじ》に寄《よ》せられてきました。

その中《なか》でも川谷村《かわだにむら》（現、上越市吉川区川谷）の人《ひと》たちが献木《けんぼく》を願《ねが》い出《で》たケヤキは、めずらしいほど大《おお》きなものでした。東本願寺再建部《ひがしほんがんじさいこんぶ》の人《ひと》たちが御影堂《ごえいどう》の大虹梁《だいこうりょう》に使《つか》えるのではないかと期待《きたい》したほど大《おお》きなものだったのです。

明治《めいじ》十五（一八八二）年《ねん》の冬《ふゆ》、川谷村《かわだにむら》の人《ひと》たちは大《おお》きなケヤキを三本《さんぼん》切《き》り、枝《えだ》を切《き》り払《はら》い、村《むら》の大工《だいく》さんたちが集《あつ》まって斧《おの》できれいに整《ととの》えました。そしてよく年《とし》の明治《めいじ》十六（一八八三）年《ねん》、二月五日《がついつか》に大橇《おおぞり》（木材を運ぶ大型の雪そり）に積《つ》みこまれ、三月九日《がつここのか》、近《ちか》くの村々《むらむら》から集《あつ》まってくれた人《ひと》たちによって、三〇キロ先《さき》の直海浜《のうみはま》（現、上越市柿崎区直海浜）の港《みなと》に向《む》かって雪道《ゆきみち》を引《ひ》き出《だ》す大橇引《おおぞりひ》きが始《はじ》まったのです。

「東本願寺《ひがしほんがんじ》の御影堂《ごえいどう》と阿弥陀堂《あみだどう》が京都《きょうと》に再建《さいこん》されるから、協力《きょうりょく》をしてください」

と、村《むら》のお寺《てら》さんからいわれたときには、父《ちち》友吉《ともきち》も母《はは》スイも遠《とお》い所《ところ》の話《はなし》のように思《おも》っていました。ところが、「東本願寺《ひがしほんがんじ》の再建《さいこん》に使《つか》われるケヤキが近《ちか》くの川谷村《かわだにむら》から運《はこ》び出《だ》されるので、大橇引《おおぞりひ》きに出《で》てください」といわれたとき、たいへんうれしく思《おも》いました。それは、親鸞聖人《しんらんしょうにん》の教《おし》えに導《みちび》かれて一日一日《いちにちいちにち》を生《い》かしていただいていると思《おも》っていた二人《ふたり》にとって、ケヤキを運《はこ》ぶ手伝《てつだ》いは、親鸞聖人《しんらんしょうにん》への御恩報謝《ごおんほうしゃ》のまたとない機会《きかい》になるからでした。こうして二人《ふたり》は、喜《よろこ》んで大橇引《おおぞりひ》きに参加《さんか》することにしたのです。

父《ちち》友吉《ともきち》や母《はは》スイと同《おな》じように思《おも》った人《ひと》はたくさんいました。そのため、一〇キロ、二〇キロもはなれた遠《とお》い村《むら》からも、たくさんの人《ひと》がかんじきをつけて、雪道《ゆきみち》をぞくぞくと川谷村《かわだにむら》にかけつけてきたのです。大橇引《おおぞりひ》きが始《はじ》まって三日目《かめ》の三月十二日《にち》、その日《ひ》川谷村《かわだにむら》に集《あつ》まった人《ひと》は、二千人《せんにん》ちかくにもなったのでした。

昨日《きのう》で三日《か》間《かん》も大橇引《おおぞりひ》きに出《で》ていた父《ちち》友吉《ともきち》は、ヨシに大橇引《おおぞりひ》きの話《はなし》をしてくれました。勢子《せこ》（大橇引きを指揮する人、木遣り師ともいう）の大《おお》きな声《こえ》に合《あ》わせて、大勢《おおぜい》の引子《ひきこ》の人《ひと》が力《ちから》を合《あ》わせてケヤキをのせた大橇《おおぞり》を引《ひ》いていること。大橇《おおぞり》は川谷村《かわだにむら》から尾神岳《おかみだけ》の山《やま》を越《こ》えて直海浜《のうみはま》の港《みなと》へと引《ひ》かれていっていること。大橇《おおぞり》が通《とお》る雪道《ゆきみち》には「本願寺御用材《ほんがんじごようざい》」、「南無阿弥陀仏《なむあみだぶつ》」、「米南十二組法西寺門徒《べいなんじゅうにそほうさいじもんと》」などと書《か》かれた赤《あか》や白《しろ》の幟《のぼり》や旗《はた》がたくさん立《た》てられていること。見物人《けんぶつにん》もたくさん集《あつ》まってきていること。そして、いちばん大《おお》きなケヤキを積《つ》んだ大橇《おおぞり》が、川谷村《かわだにむら》のむかいさかをのぼるのにてまどっていることなどでした。

父《ちち》友吉《ともきち》の話《はなし》を聞《き》くヨシは、それを一目見《ひとめみ》たいものだと思《おも》いました。亡《な》くなった母《はは》の夢《ゆめ》を見《み》た今日《きょう》この日《ひ》は、その願《ねが》いのかなう日《ひ》だったのです。

ヨシは、母《はは》スイの後《うしろ》を平等寺村《びょうどうじむら》から川谷村《かわだにむら》のむかいさかへ、およそ四キロの道《みち》をかんじきをつけて歩《ある》いていきました。昨日《きのう》から新《あたら》しく降《ふ》り積《つ》もった雪《ゆき》は三〇センチを超《こ》えていて、辺《あた》り一帯《いったい》の木《き》の枝《えだ》にもたくさんの雪《ゆき》がとりつき、辺《あた》りを白一色《しろいっしょく》にしていました。しかし、その雪道《ゆきみち》は、固《かた》く平《たいら》に踏《ふ》まれて、広《ひろ》い道《みち》になっていました。それは、昨日《きのう》までに東本願寺《ひがしほんがんじ》の再建用材《さいこんようざい》をのせた大橇《おおぞり》が何台《なんだい》もこの道《みち》を通《とお》って、ふもとの村《むら》へ引《ひ》かれていったからです。

やがて、尾神岳中腹《おかみだけちゅうふく》のむかいさかに大《おお》きなケヤキを積《つ》んだ大橇《おおぞり》が見《み》えてきました。そこにはもうたくさんの人《ひと》が集《あつま》っていて、人々《ひとびと》の着込《きこ》んだ袢纏《はんてん》の紺色《こんいろ》と女《おんな》の人《ひと》の襷《たすき》の赤色《あかいろ》が辺《あた》りの雪《ゆき》を染《そ》めているようでした。そして橇《そり》の道《みち》に沿《そ》って立《た》てられているたくさんの幟《のぼり》や旗《はた》が風《かぜ》にゆれるなか、「ブォー、ブォー」と、大橇引《おおぞりひ》きの始《はじ》まりを伝《つた》えるほら貝《がい》の音《おと》が、あたりの山《やま》におごそかにこだましていました。

母《はは》スイは、サカをヨシに背負《せお》わせると、「じゃまにならないように、大橇《おおぞり》の通《とお》る道《みち》より高《たか》い場所《ばしょ》にのぼって見《み》ていなさい」といって大橇引《おおぞりひ》きの人《ひと》たちの中《なか》に入《はい》っていきました。

見物《けんぶつ》の人《ひと》がたくさんいました。道《みち》にそって、あめやおかしを売《う》る店《みせ》も作《つく》られていました。ヨシと同《おな》じように子《こ》どもを背負《せお》った女《おんな》の子《こ》もたくさんいました。ヨシは、同《おな》じ村《むら》のカチちゃんを見《み》つけて一緒《いっしょ》に見《み》ることにしました。カチちゃんもヨシと同《おな》じように妹《いもうと》のセイちゃんを背負《せお》って来《き》ていました。二人《ふたり》は、大橇《おおぞり》の道《みち》から山《やま》の上《うえ》へ、かんじきで雪《ゆき》を踏《ふ》みながらのぼっていきました。母《はは》スイにいわれたように、高《たか》い所《ところ》から大橇《おおぞり》が坂《さか》をのぼってくるのを見《み》ることにしたのです。

やがて、男《おとこ》の人《ひと》の大《おお》きな声《こえ》が響《ひび》きました。それはどこまでも届《とど》くようなすみきった声《こえ》でした。「春《はる》もヤー、景色《けしき》もととのい、雪《ゆき》もはれてー、西京本願寺《さいきょうほんがんじ》のー、お堂《どう》

を建《た》てる材木《ざいもく》ひきー、日《ひ》もよしー、人《ひと》もよしー、そろうた、そろうたーよ」。その声《こえ》は勢子《せこ》と呼《よ》ばれる人《ひと》の声《こえ》でした。勢子《せこ》というのは大勢《おおぜい》の引子《ひきこ》に大橇《おおぞり》を引《ひ》くときの合図《あいず》や引《ひ》く方向《ほうこう》を指図《さしず》する人《ひと》です。その人《ひと》は真《ま》っ赤《か》な袢纏《はんてん》を着《き》て大橇《おおぞり》の大《おお》きな木《き》の上《うえ》に立《た》って、麾採《ざいとり》（先に房状に布を付けた指揮棒）を頭《あたま》の上《うえ》に高《たか》く上《あ》げていました。その勢子《せこ》の歌《うた》に合《あ》わせて、集《あつ》まっていた二千人《せんにん》ちかくの引子《ひきこ》の人《ひと》たちが、いっせいに引綱《ひきづな》をつかみました。それを見《み》た勢子《せこ》は「ヤー、御恩報謝《ごおんほうしゃ》の大橇引《おおぞりひ》きだヨーォー、ヤーンサ」と歌《うた》いながら麾採《ざいとり》を前《まえ》に振《ふ》りました。すると、

それに合《あ》わせて引子《ひきこ》から「ヤーンサ」の声《こえ》があがり、引《ひ》き綱《つな》がピンと張《は》って大橇《おおぞり》が動《うご》きだしました。
大橇《おおぞり》は勢子《せこ》の歌声《うたごえ》に合《あ》わせて、少《すこ》しのぼっては止《と》まり、少《すこ》しのぼっては止《と》まりしながら、ヨシたちのいる方《ほう》へのぼってきました。ヨシはこの様子《ようす》を自分《じぶん》も一緒《いっしょ》に引《ひ》いているような気持《きも》ちになって、体中《からだじゅう》に力《ちから》を入《い》れて見《み》ていました。お昼《ひる》ちかくまでかかって、大橇《おおぞり》はようやく尾神岳《おかみだけ》のむかいさかをのぼりきりました。

のぼりきったところでお昼《ひる》の休《やす》みになり、父《ちち》友吉《ともきち》と母《はは》スイはヨシたちのところに来《き》て、サカに乳《ちち》を含《ふく》ませながら炊《た》き出《だ》しのおにぎりをいただきました。このおにぎりは、川谷村《かわだにむら》の人《ひと》たちが、大《おお》きな釜《かま》でご飯《はん》を炊《た》いて作《つく》ったものです。なにしろ二千人分《せんにんぶん》のおにぎりを作《つく》るのですから、川谷村《かわだにむら》は朝早《あさはや》くから村中総出《むらじゅうそうで》の大仕事《おおしごと》でした。

父《ちち》友吉《ともきち》も母《はは》スイも、いただいたおにぎりを食《た》べながら、この大橇引《おおぞりひ》きに来《き》たことをたいへん喜《よろこ》んで、京都《きょうと》にできる御影堂《ごえいどう》のことを楽《たの》しそうに話《はな》し合《あ》っていました。

ヨシはおにぎりをいただいたあと、カチちゃんと一緒《いっしょ》に大橇《おおぞり》の近《ちか》くに行《い》ってみました。大橇《おおぞり》に積《つ》まれた大《おお》きなケヤキはヨシの背丈《せたけ》の三倍《さんばい》もある山《やま》のような太《ふと》さで、近《ちか》づくと怖《こわ》くなるような大《おお》きさでした。引《ひ》き綱《つな》はヨシが両手《りょうて》の指《ゆび》を合《あ》わせてやっと届《とど》くような太《ふと》さでした。その太《ふと》い綱《つな》が何本《なんぼん》も大橇《おおぞり》に付《つ》けられていて、たくさんの引子《ひきこ》が引《ひ》けるようになっていました。

午後一時《ごごいちじ》、ふたたび大橇引《おおぞりひ》きが始《はじ》まりました。今度《こんど》は大橇《おおぞり》の進《すす》む道《みち》は少《すこ》し下《くだ》り坂《ざか》になります。さらにその先《さき》は、なだらかな道《みち》が続《つづ》きます。このことを知《し》っている勢《せ》子《こ》も引子《ひきこ》も、もう少《すこ》しがんばれば、らくに運《はこ》べるという気持《きも》ちになって元気《げんき》をだし、大《おお》きな声《こえ》で力《ちから》いっぱいに大橇《おおぞり》を引《ひ》きだしました。その下《くだ》り坂《ざか》は二〇〇メートルほどありました。

ヨシはカチちゃんと一緒《いっしょ》に大橇《おおぞり》の先回《さきまわ》りをして、大橇《おおぞり》の通《とお》る道《みち》から山《やま》へのぼって大橇《おおぞり》が滑《すべ》ってくるのを待《ま》っていました。やがて大《おお》きなケヤキをのせた大橇《おおぞり》が下《くだ》り坂《ざか》をどんどん勢《いきおい》を増《ま》してヨシたちの方《ほう》へ滑《すべ》ってきました。ヨシがその勢《いきお》いにこわくなって身《み》をすくめると、大橇《おおぞり》はヨシたちの目《め》の前《まえ》で急《きゅう》にググッと地面《じめん》をゆするような大《おお》きな音《おと》をたてて止《と》まってしまいました。それは積《つ》んであるケヤキの重《おも》さで大橇《おおぞり》が雪道《ゆきみち》に埋《う》まったからです。

それから、ヨシたちの目《め》の前《まえ》で、雪道《ゆきみち》に埋《う》まった大橇《おおぞり》を引《ひ》きあげるために、千人《せんにん》ちかくの引子《ひきこ》の人《ひと》が、大《おお》きな声《こえ》をだして力《ちから》いっぱい大橇《おおぞり》を引《ひ》きはじめました。

ヨシも大橇《おおぞり》を引《ひ》く人《ひと》たちに向《む》かって「ソーレ」、「ソーレ」と一緒《いっしょ》に声《こえ》をかけて応《おう》

援《えん》しました。背中《せなか》のサカも「アー、アー」といいながら足《あし》をバタバタさせて、うれしそうに応援《おうえん》しました。それはそれは勢子《せこ》も引子《ひきこ》も見物人《けんぶつにん》も、みんな力《ちから》を一《ひと》つにして、大《おお》きなかけ声《ごえ》で引《ひ》き綱《つな》を引《ひ》いたのです。

そのときです。ゴウーという辺《あた》りの空気《くうき》を振《ふ》るわせるような音《おと》が山《やま》の上《うえ》から聞《き》こえてきました。ヨシがなにごとだろうと思《おも》って音《おと》のする山《やま》の上《うえ》を見《み》ると、尾神岳《おかみだけ》の山頂《さんちょう》から雪崩《なだれ》が白《しろ》い雪煙《ゆきけむり》をあげてヨシたちめがけて落《お》ちてくるのが見《み》えました。山《やま》にのぼっていたヨシたちには、急《いそ》いで逃《に》げる道《みち》がありません。どうしたらよいか迷《まよ》って、ヨシは母《はは》の姿《すがた》をさがしました。そのとき、大橇《おおぞり》の前《まえ》の方《ほう》にいた母《はは》スイは、子《こ》どもたちの危険《きけん》を知《し》って、ヨシに向《む》かって「道《みち》に飛《と》び降《お》りて逃《に》げろーっ」と大《おお》きな声《こえ》で叫《さけ》びました。しかしその声《こえ》はヨシの耳《みみ》にはとどきませんでした。

落《お》ちてきた雪崩《なだれ》が途中《とちゅう》でいったん止《と》まったようになり、小《ちい》さな雪崩《なだれ》が先《さき》に襲《おそ》ってきました。すると、ヨシは強《つよ》い力《ちから》で背中《せなか》をドンと押《お》され、足元《あしもと》がすくわれそうになり、あたり一面《いちめん》白《しろ》い雪《ゆき》けむりに覆《おお》われて何《なに》も見《み》えなくなりました。ヨシは自分《じぶん》がどうなっているかわからず、ただ恐《おそ》ろしくて声《こえ》もだせずに震《ふる》えていました。

やがて雪《ゆき》けむりが少《すこ》しおさまって、気付《きづ》くとヨシはひざまで雪《ゆき》に埋《う》まって、動《うご》くことができなくなっていました。ヨシはあわてて、「おかあさーん、おかあさーん！」と、くりかえし叫《さけ》ぶと、背中《せなか》のサカも息《いき》を詰《つ》まらせたように激《はげ》しく泣《な》きだしました。

しかし、それで雪崩《なだれ》が止《や》んだわけではありませんでした。途中《とちゅう》で止《と》まったようになっていた雪崩《なだれ》が再《ふたた》び動《うご》き出《だ》したのです。それを見《み》た大人《おとな》は、雪《ゆき》に埋《う》まった足《あし》を抜《ぬ》いて雪《ゆき》けむりの中《なか》を転《ころ》がるように走《はし》ってのがれました。しかし、ヨシたち子《こ》どもはそれができませんでした。母《はは》スイは子《こ》どもたちを助《たす》けようと、「早《はや》く逃《に》げろー、早《はや》くー、早《はや》くーっ」と叫《さけ》びながら、必死《ひっし》に雪《ゆき》をかき分《わ》けて近《ちか》づこうとしていました。

そこへ二度目《にどめ》の雪崩《なだれ》が襲《おそ》ってきたのです。こんどはたいへん大《おお》きな雪崩《なだれ》でした。山《やま》のような雪崩《なだれ》が、泣《な》き叫《さけ》んでいた子《こ》どもたちと、それを助《たす》けようとしていた母親《ははおや》をいっきに飲《の》み込《こ》んで、深《ふか》い谷底《たにそこ》へと流《なが》れ下《くだ》ったのです。

友吉《ともきち》は雪崩《なだれ》をさけて走《はし》って逃《に》げたために助《たす》かりました。少《すこ》しの差《さ》で雪崩《なだれ》からのがれて振《ふ》り返《かえ》った友吉《ともきち》の目《め》に、妻《つま》と子《こ》を飲《の》み込《こ》んで流《なが》れ下《くだ》る雪崩《なだれ》が見《み》えました。それを見《み》た友吉《ともきち》は危険《きけん》をかえりみず、雪崩《なだれ》の跡《あと》を走《はし》りおりて、妻《つま》や子《こ》の名《な》を呼《よ》びながら、必死《ひっし》になって両手《りょうて》で雪《ゆき》を掘《ほ》り起《おこ》してさがしました。雪《ゆき》が血《ち》で赤《あか》く染《そ》まっているところもありました。頭《あたま》の毛《け》だけが見《み》える人《ひと》もいました。手《て》が見《み》える人《ひと》もいました。足《あし》だけが突《つ》き出《で》ている人《ひと》もいました。友吉《ともきち》は、その一人《ひとり》ひとりをスイかヨシかサカかと思《おも》って掘《ほ》り出《だ》しました。やがてたくさんの人《ひと》も駆《か》けつけて掘《ほ》り出《だ》してくれました。おかげで、深《ふか》い雪《ゆき》の中《なか》から次々《つぎつぎ》と救《すく》い出《だ》される人《ひと》がでました。しかし、友吉《ともきち》がいちばん救《すく》い出《だ》したい妻《つま》と子《こ》が見《み》つかりません。

日《ひ》が暮《く》れてからも、たくさんの提灯《ちょうちん》がともされ、松明《たいまつ》がたかれ、あたりを明《あか》るく照《て》らし出《だ》し、近《ちか》くの村《むら》から応援《おうえん》にかけつけた大勢《おおぜい》の人《ひと》たちによって不眠不休《ふみんふきゅう》で救《きゅう》出活動《しゅつかつどう》が続《つづ》けられました。

長《なが》い時間《じかん》、必死《ひっし》で救出作業《きゅうしゅつさぎょう》をした友吉《ともきち》は、とうとう妻《つま》や子《こ》を見《み》つけられないまま力《ちから》つきて倒《たお》れてしまいました。友吉《ともきち》は周《まわ》りの人《ひと》に助《たす》けられて、赤々《あかあか》と火《ひ》がたかれた急《きゅう》ごしらえの救護所《きゅうごしょ》に連《つ》れて行《い》かれて、そこで体《からだ》を休《やす》めました。

それから一時《いっとき》たったころ、火《ひ》のたかれている所《ところ》へヨシとサカが運《はこ》ばれてきました。それを見《み》つけた友吉《ともきち》は「サカ！　サカ！」「ヨシ！　ヨシ！」と大《おお》きな声《こえ》で子《こ》どもの名《な》を呼《よ》び、顔《かお》を叩《たた》き、体《からだ》をゆすりました。

しかし二人《ふたり》の子《こ》は息《いき》をしません。友吉《ともきち》は二人《ふたり》を抱《だ》きましたが、長《なが》い間《あいだ》、雪《ゆき》の中《なか》に埋《う》まっていたために冷《つめ》たくなっていました。友吉《ともきち》は急《いそ》いで自分《じぶん》の着物《きもの》の帯《おび》を解《と》き、懐《ふところ》を開《あ》けて肌《はだ》で二人《ふたり》を温《あたた》めようとしっかりと抱《だ》きしめました。「寒《さむ》かったろう、寒《さむ》かったろう、息《いき》をしろ！　息《いき》をしてくれ！」と呼《よ》びかけました。

やがてそこへスイも冷《つめ》たくなって運《はこ》ばれてきました。友吉《ともきち》はスイも一緒《いっしょ》に抱《だ》きかかえました。すると、ヨシやサカを引《ひ》き取《と》って抱《だ》いて温《あたた》めてくれる人《ひと》がいました。たき火《び》を大《おお》きくしてくれる人《ひと》がいました。火《ひ》で温《あたた》めた着物《きもの》を何枚《なんまい》もかけてくれる人《ひと》がいました。

それから長《なが》い時間《じかん》をかけて、息《いき》を吹《ふ》き返《かえ》すように必死《ひっし》の救助活動《きゅうじょかつどう》が続《つづ》けられました。しかし、悲《かな》しいことに、三人《さんにん》とも息《いき》を吹《ふ》き返《かえ》しませんでした。友吉《ともきち》は冷《つめ》たくなった三人《さんにん》をいつまでも抱《だ》いたまま手《て》を放《はな》すことができず、悲《かな》しみに震《ふる》えていました。

友吉一家《ともきちいっか》の生活《せいかつ》は貧《まず》しいものでした。しかし親子四人《おやこよにん》が助《たす》け合《あ》い支《ささ》え合《あ》って生活《せいかつ》してきた幸《しあわ》せな家族《かぞく》です。友吉《ともきち》にとって、スイもヨシもサカも、世《よ》の中《なか》でいちばん心《こころ》を温《あたた》め、幸《しあわ》せを運《はこ》んでくれる、たいせつなたいせつな宝物《たからもの》でした。そのため、どうしても手《て》を離《はな》すことができなかったのです。スイ三十四歳《さい》、ヨシ十歳《さい》と三ヶ月《げつ》、サカ六ヶ月《げつ》のいのち、いのちでした。

スイもヨシもサカも御影堂《ごえいどう》の礎《いしずえ》となってお浄土《じょうど》へ往《い》ったのです。東本願寺《ひがしほんがんじ》の再建《さいこん》のためにスイは大橇《おおぞり》を引《ひ》き、ヨシもサカもそれを応援《おうえん》していたのですから、如来《にょらい》さまがお浄土《じょうど》で無量《むりょう》のいのちをくださったにちがいありません。そしてヨシは、今度《こんど》こそ、夢《ゆめ》に見《み》たなつかしいお母《かあ》さんに抱《だ》かれていることでしょう。

その日《ひ》、ヨシと同《おな》じように妹《いもうと》のセイを背負《せお》っていたカチも一緒《いっしょ》に亡《な》くなり、平等寺村《びょうどうじむら》（現、上越市吉川区平等寺）から五名《めい》、川谷村《かわだにむら》（現、上越市吉川区川谷）から六名《めい》、尾神村《おかみむら》（現、上越市吉川区尾神）から八名《めい》、東横山村《ひがしよこやまむら》（現、上越市柿崎区東横山）から三名《めい》、嶺村《みねむら》（現、上越市大島区嶺）から三名《めい》、板山村《いたやまむら》（現、上越市大島区板山）

から二名《めい》、あわせて二十七名《めい》の犠牲者《ぎせいしゃ》がでたのでした。これは東本願寺再建《ひがしほんがんじさいこん》にまつわる事故《じこ》の中《なか》で最《もっと》も大《おお》きな遭難事故《そうなんじこ》となりました。

その雪崩《なだれ》の事故《じこ》から八年後《ねんご》、世界《せかい》でいちばん大《おお》きな木造建築物《もくぞうけんちくぶつ》である御影堂《ごえいどう》が、さらにその四年後《ねんご》に阿弥陀堂《あみだどう》が、京都《きょうと》の七条通《しちじょうどお》りに再建《さいこん》されました。この両堂《りょうどう》の完《かん》成《せい》を祝《いわ》って落慶法要《らっけいほうよう》が営《いとな》まれたのは、明治《めいじ》二十八（一八九五）年《ねん》の四月《がつ》のことでした。

この雪崩遭難事故《なだれそうなんじこ》を忘《わす》れず、永《なが》く親鸞聖人《しんらんしょうにん》の教《おし》えをいただいて生活《せいかつ》するためにと、事故現場《じこげんば》の近《ちか》くに「報盡為期《ほうじんいご》」と刻《きざ》まれた石碑《せきひ》が建《た》てられたのは、明治《めいじ》二十（一八八七）年《ねん》のことでした。

その碑《ひ》は今《いま》も寒風《かんぷうふ》吹く豪雪《ごうせつ》の尾神岳《おかみだけ》で、事故《じこ》の現場《げんば》を見《み》おろすように立《た》っています。碑《ひ》が尾神岳《おかみだけ》のその場所《ばしょ》に立《た》っているから、私《わたし》たちは御影堂《ごえいどう》の親鸞聖人《しんらんしょうにん》に遇《あ》うことができるのです。

碑《ひ》の前《まえ》に立《た》って静《しず》かに手《て》を合《あ》わすとき、犠牲《ぎせい》になった人《ひと》たちの呼《よ》びかける声《こえ》が聞《き》こえてきます。「信心《しんじん》の真《まこと》をつくして生活《せいかつ》しなさい」という声《こえ》が教《おし》え諭《さと》すように聞《き》こえてきます。

殉難のいしぶみ

尾神岳
殉難の記録

報尽為期碑は新潟県上越市吉川区の尾神岳（標高七五七メートル）の中腹（標高約四五〇メートル）にある。そこへは、ＪＲ信越線の柿崎駅より尾神行のバスに乗車して五十分、終点の尾神より徒歩四十分の行程になる。

この道は遠く親鸞聖人上陸の地、居多ヶ浜や北アルプスの連山を望めるすばらしく眺望の開けた散策コースである。春の山菜、夏のハングライダー、秋の新蕎麦と紅葉は、報尽為期碑とともに訪れる人々の心の曇りを取り除いてくれる。

平成十八年に報尽為期碑まで自動車での通行が可能になった。ただし、この道は狭く危険な道であり、急傾斜地であるから、運転には十分な注意が必要である。

はじめに

冬の季節風は、日本海から大きく成長した雪雲を抱えて嶽《たけ》（尾神岳の別称。尾神村の人は岳といい、川谷村の人は嶽と呼んだ）の山腹へ吹き上がってくる。嶽に突き当たった風は山頂を越えていくものと、嶽の壁面をなめるようにして裏へ回り込んでいくものに分かれる。壁面を滑った風は、嶽の裏側に回りこむところで、運んできた大量の雪を落とし身軽になって吹き去っていく。この場所を地元の人々は吹切《ふっきり》と呼ぶ。それは風が吹き切れる所であり、毎年四、五メートルの大雪の積もる所である。

明治十六（一八八三）年三月十二日午後二時頃、突然その場所で大雪崩が発生した。折りもおり、その場所には、近郷近在から集まった二千人近くの人々が「なむあみだぶっ」のご縁をいただいた喜びを胸いっぱいにしながら、京都東本願寺堂宇の再建用材となる大きな欅《けやき》を乗せた大橇《おおぞり》（当地では「大持（だいもち）」という）を木《き》遣《や》り師《し》（勢子とも鼻っとりともいい、橇の先端にいて橇の操縦を指揮する人）の声に合わせて引いていたのである。大雪崩はその人々を一気に飲み込み、二十七名の殉難死者をだすという大谷派宗史に残る痛ましい大遭難事故となった。

東本願寺再建の親諭

東本願寺（真宗大谷派）は、教如上人が慶長七（一六〇二）年に徳川家康から京都烏丸七条に方四町の寺地の寄進を受けて西本願寺（浄土真宗本願寺派）から別立したことに始まる。その後、この東本願寺は四度の災火で焼失し、そのつど壮大な伽藍を再建して現在にいたっている。その概略を示すと次のようになる。

天明八（一七八八）年正月晦日焼失　寛政十（一七九八）年三月再建
文政六（一八二三）年十一月十五日焼失　天保六（一八三五）年三月再建
安政五（一八五八）年六月四日焼失　万延元（一八六〇）年三月再建
元治元（一八六四）年七月十九日焼失　明治二十八（一八九五）年再建

こうして東本願寺は災火に遭いながらも、そのつど全国の門徒の篤い懇志によって再建されてきたのである。この最後の元治元年の焼失は蛤御門の変（禁門の変）といわれる幕末動乱の兵火によるものである。焼失翌年の慶応元（一八六五）年には、孝明天皇から再建の綸旨をいただき、慶応三（一八六七）年には幕府から堂宇再建の督促もされていた。しかし、当時は幕末の動乱から明治維新へという日本の大変革の時であり、堂宇再建は、全国の門徒と門末寺院の協力が欠かせない大事業であったために、東本願寺当局はその機が熟すのを心待ちにしていたのである。（資料編「資料3」参照）

明治の新政がようやく落ち着きを見せてきた明治十二（一八七九）年五月十二日、念願であった御影堂と阿弥陀堂再建の親諭《しんゆ》（門首のお言葉）が発せられたのである。それは焼失から十五年経過した後のことであった。（資料編「資料2」参照）

再建用材調査と木揚場設置

親諭に続いて、明治十三（一八八〇）年一月二十五日、両堂再建事務局より七ヶ条からなる木材伐採心得が出された。（資料編「資料4」参照）

これにより、二月から東本願寺再建局の十数名の係員が全国各地に献木を願う遊説に出て、木材の種類や大きさ、さらには伐採の時季などの心得を説明するとともに、献木可能の木材をつぶさに調べて回ったのである。

最初に越後に出張を申し付けられたのは四級出仕の楠潜龍氏である。その頃折りよく、明治政府の地租改正に伴い、各村々の神社仏閣の境内地や地内に生育している木材の種類と大きさが調査されていた。そのため、再建局の係官がどの村にどんな大木があるかを調査するには、たいへん都合がよかったのである。

越後は京都や東京から離れていたために、歴史的にみて、都の各種造営のために大きな材木を切り出して搬出されることが少なかった。そのために、その頃の越後には建築用の良材が多数あったのである。

このことを知った再建局は、明治十三（一八八〇）年には六級出仕三那三能宣氏を良材捜索に来越させている。さらに再建の傍観者を説諭するために七ヶ条の御教示を持って用掛を来越させ、良材探索を重ねるとともに懇志を願い、大量の木材の買い付けも行っている。その後、明治十四（一八八一）年三月には七級出仕小早川鉄僊氏が、続いて両堂再建事務局用掛丘崎正鈍氏が再建用材取調べに来越するなど、献木や懇志の要請が繰り返し行われたのである。

こうして、たくさんの建築の良材を得た再建局は、越後の糸魚川、梶屋敷、今町（直江津）、中浜（柏崎）、新潟の五ヶ所に木揚場を設置し、これにより越後から運び出される再建用材は大量となった。（資料編「資料7、8」参照）

木揚場開場式

明治十三年に設置された直江津の木揚場の開場式について詳細を伝える文書には今のところ

出会っていないが、越後糸魚川の梶屋敷木揚場開場式の様子を伝える文書が「開導新聞」百四十二号に掲載されている。それには次のように書かれている。

去る七月施行されし越後国梶屋敷木揚場（示談方は万徳寺）開場式の景況を聞くに　再建局小早川六級出仕並に高田別院輪番大照智教の両氏出張せられ　十日は御消息御紐解にてこの日の参詣殆んど三千余人　十一日には開場式を執行せられしに参詣人甚だ夥く万徳寺の本堂は言ふに及ばず境内は立錐の地を余さず門内に溢れし老若男女は駅内に充満し実に希有の繁昌にありき　然るに世話方同行は余り参集の夥しきより御再建の御趣意を聞き洩らしたる者あらんと慮り　一同より一日だけ延日を願出しかば十二日も前日の如くせられしに　この日も前日に劣らぬ程の群参でありしと　叉手この木揚場は海岸十三里余の中央に位し米南中三組聯合の木揚場にして随分地理の宜き処なるが　当早春よりこの三組内にて伐り出したる木材の総数は凡そ百二十余本にて　二月十日頃より同じく廿日頃までに悉く海岸まで引き出し　六月より荒木取に着手し七月下旬までに両堂の内縁側柱唐戸側柱合計六本　その他組物等残りなく出来上がり　本山より差向けの運搬船貫栄丸の来着を指を屈して一同相待をるよし　是全く該地方僧俗一同の奮励によるといえども特に示談方の同志協力の因て致す処なりと該地より報知のまま。

（「開導新聞」明治十四年九月二十九日付）

直江津の木揚場の開場式は明治十四（一八八一）年七月二十日から三日間行われたという記録があるので、この開場式も梶屋敷と同じような盛況の中で執行されたことは容易に想像できる。こうして整えられた直江津の木揚場へ、越後頸城郡内各地から東本願寺の再建用材が次々と運び出されたのである。（資料編「資料17、18、19」参照）

なお、直江津の木揚場設置について尽力された二人の寺院住職の名前が、「開導新聞」百八十七号に次のように記載されているので紹介しておく。

この度の御再建に付　越後国直江の林覺寺住職直江轉成並に林正寺住職古海慈成の両氏は昨年来尽力大方ならず　殊に直江津木揚場設置に付ては種々と御取持をいたされしに依り　此程再建局より直江氏へは中啓一握　古海氏へは石盃一個賞与になりたるよし　賞与

（「開導新聞」明治十五年一月九日付）

しかし残念なことに、直江津の木揚場は落成一年後の一月四日、新川端町の桑原元貞という民家より出火した火により町屋三百余りと共に焼失してしまった（資料編「資料14」参照）。その後の木揚場再築の文書が見当たらないところをみると、直江津の木揚場は仮屋のままで、近くの寺院に事務部を移して木材の工作や京都への搬送事務が行われたようである。

越後頸城の門徒・寺院の動き

直江津木揚場の設置により、頸城各地から東本願寺再建用材が次々と運び出されるようになった。その様子を「開導新聞」や「東京日日新聞」は次のように伝えている。

今度の御再建については、誰あっても身分相応の御取持をいたさざるもの稀なるが、中にも越後国は門葉の数も夥しく篤信のものも多ければ（中略）昨年八月四級出仕楠潜龍氏の出張已来大ひに人気も調ひ（中略）本年の二月に至り、周り壱丈五尺以上の槻《つき》（欅の古名）等三百本余も献納になり、それより日々彼処にも木切此処にも引出しと、その賑わひは違反形無し、別けて頸城郡辺はまず真宗東派本願寺用材、或は米北（ママ）何組等に染め出したる大幟を何十本となく押し立、その他町々村々より紅白等思ひ思ひの旗をひるかえし、我も我もとソリに載せたる大材の縄にとりつき、暫かの間に数十里もある木揚場までかかると運搬する有様は、いかにも目ざましくまた尊きことなりと、近頃該地より上京の人の話。

（「開導新聞」明治十四年四月二十四日付　割注は筆者）

大持繁昌　越後の直江津にて大持あり。杉と槻の大材なりし。杉は西北に廻りて針村へ入り、槻は関川を渡りて直ちに直江津へ出すよし。信心の老若男女あつまる者一万余人、去る十九日より牽きはじめ綱を引っぱり材木に取り付く、さながら蟻の群がる如くおびただし　曳曳声は念仏に和し、険阻も厭わず曳くさまは、かかる大木ゆえ道路は茅も草も引き倒さるるに、これが堤普請や川浚いでも、こう田畑や林を荒らされては承知せぬが、お寺へ納める材木は雑業の我々をお助け下さる如来様の御用と腹立つどころか銘々斧鎌を把って先立ちし、後はひとりで修繕などするさまこの辺の真宗の勢力は実に驚き入れり。

（「東京日日新聞」明治十六年三月七日付）

こうして、越後の頸城郡地方から大量の建築用材が直江津の木揚場へと運び出されていったのである。木揚場に集められた用材は用途別に荒削りされた後、大型の帆船で神戸港や大阪木津川木揚場へと運ばれていき、そこからは特設された汽車によって京都七条停車場へ、さらには新たに敷設されたトロッコによって東本願寺に隣接する工作場へと運ばれていった。

運ばれたのは、建築用の木材ばかりではなかった。玄米、味噌、大豆、小豆、塩魚、綿、糸、布、わらじ等々、あらゆるものが大量に運ばれていった。中でも越後からの毛綱《けづな》（女性の長い頭髪を麻の中に入れて綯った縄。当時は最高に丈夫な縄といわれた）の懇志は大量であった。全国から集まった毛綱五十三房のうち、越後からの毛綱は十五房もあったと「本山報告」が伝えている。今も、旧新潟県頸城郡の所どころで「村中の女が頭の毛を切ってお寺に持っていったそうだ」という話を聞くことができる。（資料編「資

料29、30、31」参照）

また、こうした資材ばかりでなく、懇志金も多額にのぼった。東本願寺は明治十八（一八八五）年に両堂再建のために相続講《そうぞくこう》（法義相続・本廟相続の趣旨で設立された募財の講）を設けて、全国の門徒から加入金や講金を集めて資金調達を図っているが、その後負債がかさみ、明治二十六（一八九三）年には、さらにその返済用の出金を願っている。その中には個人的な多額の懇志もたくさんあったし、一度に支払いできない村は融通講《ゆうずうこう》（頼母子講と同じもの）を組織して調達したという話も伝えられている。

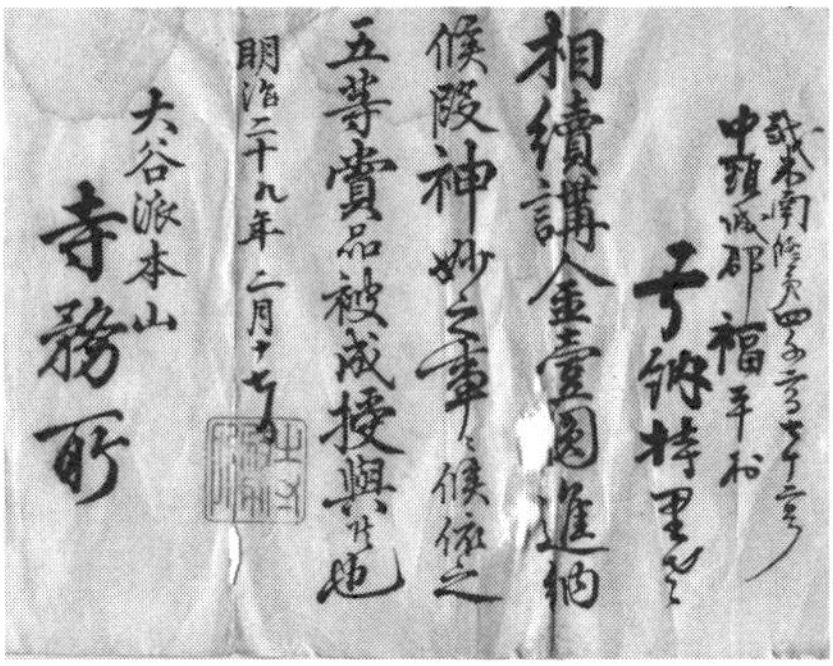
相續講金壹圓進納
候段神妙之事ニ候依之
五等賞品被成授與候也
明治二十九年二月十七日
大谷派本山
寺務所

相続講金納入により五等賞品を授与される

さらには、大工、鳶、石工などの職の専門家はもちろん、一般の人夫として越後から京都の工作場まで手伝いに駆けつけた人も、たくさんいたと聞く。それが今でも「上山講《じょうざんこう》」などといわれて、頸城地方の末寺に多く伝えられているのである。

尾神岳大橇遭難の日

明治十六（一八八三）年三月十日から十二日。これほどたくさんの人が、川谷村（現、上越市吉川区川谷）

この当時に使われた平釜
（竈は土間に捏ねた粘土の塊を積み上げて作る）

に集まったことはなかった。川谷村の歴史始まって以来のできごとであり、川谷村の人々も隣村の尾神村（現、上越市吉川区尾神）の人々も、共に盛大なお祭り気分でその日を迎えていたと聞く。川谷村の女衆は総出で、各家にあった大きな平釜を使って、四日間も炊き出しのおにぎりつくりに精を出していたと聞くし、消費する米や薪も大量で、村中すべての家のかまどに赤々と火が焚かれていたとも聞く。これは大橇引きの応援に駆けつけてくれた人々に対する、感謝の気持ちを表すこの地方の伝統的慣習であり、地元としての当然なすべき責務でもあった。その日、川谷村に集まった人々の数は二千人近くにもなっていたと伝えられている。

地元川谷にはこの炊き出しの苦労話はよく伝わっているものの、なぜか大欅運搬の様子を伝える話や古文書は少ないのが不思議である。

しかし、刈羽郡山室村（現、柏崎市山室）から柏崎港の木揚場へ東本願寺再建用材を運び出した様子を「開導新聞」が伝えているので、参考のために読んでみよう。

新潟県下越後の国刈羽郡山室村より出せし本山への献上の木材は御影堂の柱に用ひらるるもののよしにて、長さ五間一尺四寸、直径二尺八寸、八角に削りあり、柏崎近傍各村の同行凡そ二千余人、各々同行の旗を押立てて挽出すに、寺院方、示談方、世話方、有志の輩から、これが周施をなして、去る二月二十日より三月二日迄十一日間日々運送して五里余りの柏崎木揚場へ到着す。扨て到着の当日は近郷近村より運搬の御手伝として柏崎に群参せし人数は自宗他宗混じて大約一万余人と聞こえたり、早朝より真宗大谷派本願寺用材と書かせし大旗小旗数百本を建て列ねて真先に進み行く、後には幾条の縄に此人集まりとりつぎ曳々、声を合わせて目出度木揚場に納めたる景況は実に夥しき、なんと云うばかりなし

（「開導新聞」明治十六年三月十五日付）

尾神岳の中腹で大雪崩に遭遇した献木用材も、これと同じような状況で運び出されたと思われる。最近、その大橇遭難の様子を知らせる文書が少しずつ発見されるようになってきたが、中でも「木村家文書」（現、柿崎区米山寺）が最も生々しく伝えている。描かれた絵には、たくさんの旗や幟がはためいている。（口絵「木村家文書」参照）

そしてこの絵には、大橇に乗せられた再建用材の上に立つ人物が描かれている。この人は勢子または木遣り師と呼ばれる人で、この大橇を引く大勢の引子の力を一つにまとめたり引く方向を指示する役割の人である。この人の指示で再建用材を積んだ大橇が尾神岳の急坂を登って

きたことを示している。木遣り師は、引子にわかりやすいように赤色の袖なしを着るなど目だった服装をして、麾採《ざいとり》（一メートルほどの柄に房をつけたもの）を掲げ、遠くまで届く高く張りのある声で唄をうたって音頭をとり、大勢の引子の力をまとめていたのである。また、大橇を引く引子は赤い襷に袖に白い布を縫い付けた綿入れの袢纏《はんてん》を着ていたという。これは昔からの、この地方の農家の祝祭行事の正装であると聞く。

こうして身形を整えた人たちが近郷近在の二十四村から二千人近くも集まり、木遣り師の音頭に応えて大橇を引いていた。その賑わいは、まさに地元の川谷村や尾神村ばかりか近郷近在の村々にとっても大行事だったことを示している。そして、大雪崩に遭遇したその日は、先に示した「開導新聞」（明治十六年三月十五日付）掲載の刈羽郡山室村の献木引きだしの日からわずか一ヶ月後のことであった。

遭難の様子

雪崩は一瞬の出来事であった。その日は前夜から降り積もった新雪が一尺（約三〇センチ）余りと記録されているから、吹切《ふっきり》といわれた尾神岳の遭難現場では、数メートルの根雪の上に一尺をはるかに超える新雪が積もっていたと思われる。その雪が嶽の山頂から幅三・四十間（約六〇メートル）

長さ十丁（約二〇〇メートル）に渡って流れ下ったのである。

そのとき、驚きの悲鳴や助けを求める声が響いたであろう。しかし、それもかき消すごう音がようやく収まった現場は惨憺たるものであった。数百人を一度に飲み込んだ雪崩の跡には、ところどころに手が見える人、足が見える人、頭髪らしきものが見える人、雪を赤く染めているところ、衣服らしきものが見えるところが点々とあったと、「木村家文書」は絵入りで、その惨状を生々しく伝えている。

この事故の知らせが近郷各村に走り、急いで駆けつけた二千人を超える人たちによって、二夜三日、昼夜分かたず必死の救助活動が行われたと記録されている。にもかかわらず、二十七名の殉難者と八名の重傷者、五十名を超える負傷者がでたのである。

この様子を二十日に「読売新聞」が、二十六日に「東京日日新聞」が、大事故として報じている。当時の報道としては「開導新聞」が最も詳細に報じているので、それを読んでみよう。

かねて献納の御再建用材を直江津木揚場に送らんと四十八ヶ村の同行日々非常に尽力せられしゆへおおいに捗どり、去る十二日は川谷村字岳という処にかかる人夫凡そ千七八百人程、皆声高に念仏を唱え曳々進む折から、岳上俄に鳴動し恰も千百の雪一時に落来るが如き響きなれば、驚きながら仰ぎ見ればコハ如何に、遥か峯より深さ一丈方二町程の積雪崩れ来るなれば、スハ大変なるぞ、逃げよ逃げれよと立ち騒ぎ、我助からんとあせれども如何にせん、此処は嶮山の半腹にて平常と雖ども一歩を誤るときは一命も危なき難所なれば、親は子を救うの遑なく夫は妻を顧へる能はず、アハヤ此の人数悉く雪中に埋められんずる勢いなりしも、不思議なるかなさしも大いなる雪塊二つに裂け小なる方が先に下り、大なるは且く中途に停まりたれば、此間に強壮疾速の者共は辛くも逃れたれども老幼婦女足弱の輩がらは逃げ後れ、助けて呉れよ、救うて呉れと泣き叫びつつ迷いなるうち、再び落来る雪と共に憐むべく谷の内に引入られぬ、余りのことに逃げし者も救助せん術もなく、只大音に涙乍らに念仏を称えて傍観するのみ、中には見るに偲びずして気絶せん人もありしと、さりとて捨置べきにあらねば直ちに各村へ変を告げて人を集め、俄に小屋を繕い、薪を樵りて大焼火をなし、雪中より怪我人を掘出すや否や親疎を分かたず男女を論ぜず温め又は肌をもて煖《あた》ため看護怠たらざりしは漸々に息を吹返し蘇生するもの多く、絶命せし者は僅かに二十七名に過ぎさりしは、不幸中の幸というべし、右につき直江津木揚場より大道智林氏医師連将て出張せられ死亡者の遺族へ即座に手当金を遣はされ、傷人には厚く治療を加へらる、又高田御別院よりは輪番大野智教氏が出向され死傷人の家族へ一々懇切に挨拶せられれば、皆々歎きの中に喜びを起こし、一層本山を慕いて右の変事に屈する景色もなく、昨今更に木材運搬の協議中なりとぞ、実に書くにも痛ましき事にて記者も思わず落涙を催せり

（「開導新聞」明治十六年三月二十九日付）

殉難死者二十七名のうち、二十歳以上の男三名、女四名、十六歳以下の男五名、女十五名となっている（参照資料編「資料21、24」参照）。なお、これら資料に記載されている年齢は、各寺院の記録と照合すると、数え歳で記載されているものと思われる。

幼児や子どもが多く犠牲になったのは、見物に来ていた子どもたちの方に雪崩が流れてきたのか、それとも子どもの逃げ足が遅かったためであろう。このうち、子守りをしていて背中の幼児と一緒に亡くなったと思われる娘子が三組、母子一緒が三組あることが、特別に涙をさそう。これは子どもを助けようとした母親が、子どもと共に逃げ遅れて遭難死したのであろう。親と子の深い絆が偲ばれる事故死である。

報尽為期碑建立までの経過

この悲惨な事故以降、この事故に対してどのような対応がとられてきたかを概略列記すると、次のようになる。

明治十六（一八八三）年

三月　十二日　救出活動が続く中で、有志が安塚警察と高田警察署柿崎分署に事故報告し、検死願いを出す。
関係四十六村長（刈羽、東頸城、中頸城）へこの始末を上申。
十三日　救出活動。警察署による検死。
尾神村藤野惣太郎氏・山賀喜三郎氏が直江津木揚場へ事故を届ける。
十四日　救出活動。警察署による検死。
死亡人のでた各村の戸長は「御検死願」及び「変死人ニ付手続書」を新潟県令へ提出。
十五日　木揚場より大道智林氏と外書記一名が出張、尾神藤野俊平氏宅にて事故聴取等の寺務を開始（十六日まで）。
十七日　大道智林氏、山直海専徳寺へ移り寺務（二十七日まで）。
高田別院輪番大照智教氏、見舞いのため専徳寺へ出張。死亡者遺族へ手当金を渡す。大人金二円、小人金一円、重傷者二円、負傷者一円。
二十二日　雪崩遭難の献木、大橇へ積み直しの作業開始。
二十七日　大橇、坪野村通過。
三十日　大橇、下灰庭まで引き出し。雪消えのため、翌年まで留め置く。

四月　二日　大照智教氏、本山御使僧として専徳寺に出張。専徳寺にて殉難死者の法要を行い、最寄寺院関係者を召集して対応を協議。

三～四日　大照智教氏、死亡遺族を専徳寺へ招き、読教、御教諭。

五日　大照智教氏、遭難場所見分して川谷法西寺へ。法主より死亡人へ沈香一包、負傷人その外事件に尽力した者へ氷砂糖一箱が渡される。

六～七日　大照智教氏、川谷法西寺にて御教諭。

八日　大照智教氏、平等寺村万願寺へ。

九日　大照智教氏、満願寺にて御教諭。

十日　大照智教氏、高田別院へ。

末日　地元有志が川谷地内天災事件の始末を本山へ上申する。この中で、大石碑を建てて法要したい旨を願いでる。

六月五・六日　本山より死亡遺族へ法名、手当金十円が下附される。

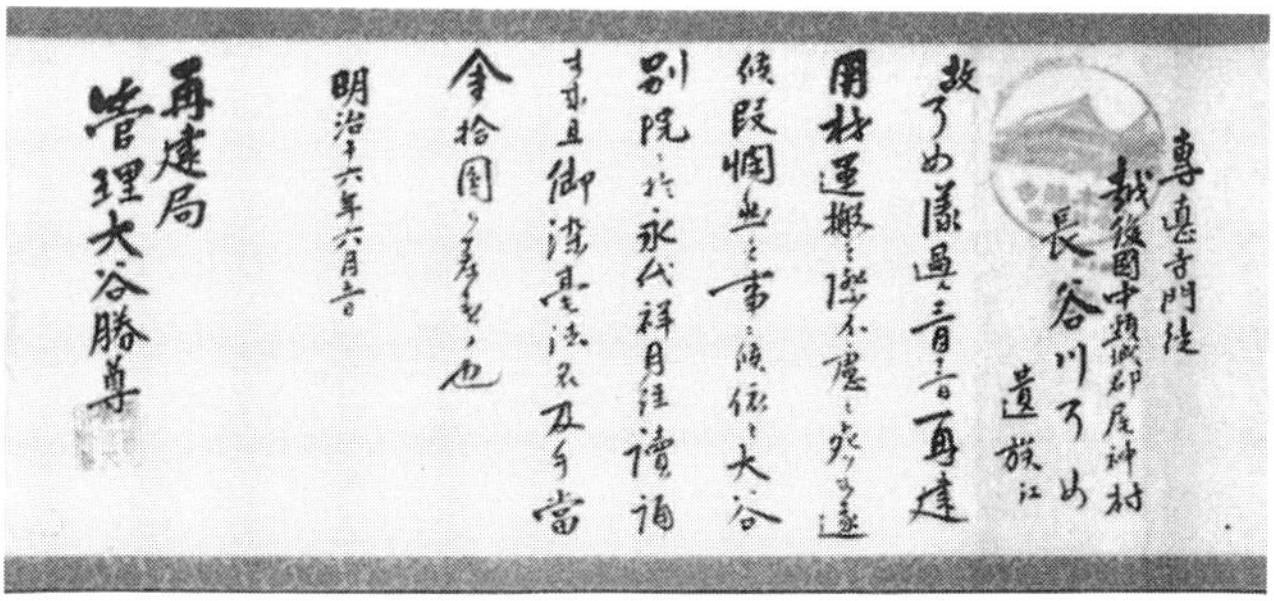
専徳寺門徒
越後国中頸城郡尾神村
長谷川ろめ
遺族江
金拾圓
再建局
管理大谷勝尊

法名、手当金の送り状（上越市 長谷川家蔵）

明治二十（一八八七）年
三月二十五日　本山は両堂再建工事殉難者の追悼法要を大谷別院で行う。
九月二十四日　石碑建立の願書を本山へ上げる（手続きの関係か、願書の日と報尽為期碑建立の日が同じ）。
九月二十四日　報尽為期碑建立。
発起人総代法西寺住職松浦恵敬氏、建碑式施行を上申。
顕彰と追善供養の法要を行う。
明治二十一（一八八八）年
七月二十四日　御門首代理として摂光院殿来越。山直海専徳寺にて雪崩遭難者のために追弔の読経と説教。
明治二十二（一八八九）年
五月　九日　東本願寺御影堂上棟式。
明治二十五（一八九二）年
十一月二十九日　東本願寺阿弥陀堂上棟式。
明治二十八（一八九五）年

四月 十五日 東本願寺阿弥陀堂遷仏式。
四月 十九日 東本願寺御影堂遷座式。

報尽為期碑建立

明治十二年(一八七九)再建御発令以来、明治十八(一八八五)年十一月までに、全国における再建用材伐採搬出等による死亡者は八十三人。その中で越後国が三十人と飛びぬけて多くなったのは、尾神岳の雪崩遭難の二十七人があったからであり、これは両堂再建にまつわる幾多の事故のうちでも、最も大きく悲惨なものであったといえる。

事故の起きた地元では、明治十六(一八八三)年四月二日に山直海村専徳寺で殉難者の法要を営み、さらに殉難者に報いるための記念碑を建立して、顕彰と追善供養の法要を行いたいとして本山に願いでている。その中心となった人が川谷村法西寺、山直海村専徳寺、小沢村威徳寺、尾神村永法寺の各住職、川谷村の宮川吉良氏、尾神村の藤野俊平氏である。

願

過ル明治十六年三月十二日、大谷派本願寺再建用材運搬之際、中頸城郡川谷村地内字嶽山ニ於テ、雪圧之為メ男女廿七名非命ノ死ヲ遂ゲ、吾人概嘆ニ不堪。右死亡者ニ対シ追善供養ノ為、自分共発起ト相成、仝所へ石碑設立仕度願ニ付、別紙第一号碑石図面並ニ、第二号死亡者族籍姓名表相添上願候間、御許可被下度、発起連署ヲ以テ此段奉願上候也。

明治廿年九月廿四日

中頸城郡川谷村　宮川吉良
仝郡尾神村　藤野俊平
仝郡川谷村　松浦恵敬
仝郡山直海村　松村秀月
仝郡小沢村　法山徳嶺
仝郡尾神村　大善利生

（高田教区聖跡顕彰委員会 蒐集文書）

本山はこの「願」を受理し、建立を許可した。これを「本山報告」は次のように伝えている。

建碑

去ル十六年三月十二日越後国頸城三郡ノ男女二千余人中頸城郡川谷村より再建用材運搬ノ際獄山ノ半腹ニ於テ不幸ニモ頽雪ノ災ニ罹り廿七名之ガ為メニ圧死セリ　御門跡ソノ惨状ヲ聞キ深ク憫然ニ思召サレ直ニ使僧ヲ以テ遺族ヲ慰諭ニ相成リ尚夫々ノ恩賜モアリ其後マタ有志ノ堅碑ヲ企画スルニ際シ本山ヨリ同碑ノ題字及碑文ヲ下附セラル題字ハ摂光院殿ノ揮毫碑文ハ小栗栖准一等学師ノ撰ナリ乃チ昨年九月川谷村ノ丘上ニ同碑ヲ据ヘ已ニ建碑式ヲモ施行セリト同発起総代同村法西寺住職松浦恵敬ヨリ上申同碑文は如左

〔碑の正面の刻字〕

我本山者　真宗之根本而　宇内之所具瞻也　兵燹後不復其舊者久矣　明治維新今上賜金　促其土木之事焉　於是信徒感泣　翕然興起　于炎于朔　冒険践危　伐於山航於海　鎚於石鋳於鉄　截緑雲作索　至一萬一千尺之長　餘事可知焉　其中最可驚者　越之廿七人也　明治十六年三月十二日　頸城等三郡男女二千餘人　乗雪運巨材　至獄山之半腹　凝雪之塊　従絶頂飛落　状如大山之倒　二十七人為之壓死　噫悲哉　我大教正厳如宗主　為賜法名及施金其家　信徒竪碑　中教正勝尊君題曰報盡為期使　不肖香頂記之　考之聖教善導曰不顧身命　洪道曰當念仏恩　我本山之兩堂成於信徒之至誠焉二十七人之死　海内為之奮激拮据竭力　大工木之功既過其半　豈非殉教之遺烈耶　銘曰

雪耶雪耶　噫越之雪　何其薄情　肝膽酸裂

雪耶難奪　真心之熱　激動海内　誰不泣血
信徒益力　各地団結　大堂之成　憑汝遺烈

＊（書き下し文）

我が本山は、真宗の根本にして、宇内《うだい》のところ具瞻《ぐせん》なり。兵燹《へいせん》の後、それ旧《きゅう》に復《ふく》さざるは久《ひさし》。明治維新今上《きんじょう》（天皇）より金を賜《たまわ》り、その土木の事を促《うなが》さる。是《これ》において信徒《しんと》感泣《かんきゅう》し、翕然《きゅうぜん》と興起《こうき》し、炎《ほのお》となって于《ここ》に朔《はじま》る。険《けん》を冒《おか》し危《あや》うきを践《ふ》み、山で伐《き》り海を航《わた》り、石を鎚《う》ち鉄を鋳《い》り、緑雲《りょくうん》（美しい髪）を截《た》ちて索《なわ》を作り、一万一千尺の長きに至《いた》る。余《あまり》あることを知るべし。其《そ》のなか最も驚くべきは、越《こし》の二十七人なり。明治十六年三月十二日、頸城《くびき》等三郡の男女二千人あまり、雪に乗せて巨材《きょざい》を運び、嶽山《たけやま》の半《はん》腹《ぷく》に至《いた》る。凝雪《ぎょうせつ》の塊《かたま》り、絶頂《ぜっちょう》より飛落《ひらく》。状大山《じょうだいせん》の倒《たお》れるがごとし。二十七人このために圧死《あっし》す。ああ悲しきかな、我が大教 正《だいきょうしょう》 厳如宗主《げんにょそうしゅ》、このために法名《ほうみょう》を賜《たま》いてお金をその家に施《ほどこ》す。信徒《しんと》は碑を建て、中《ちゅう》教 正 勝 尊君題《きょうしょうしょうそんくんだい》し曰《いわ》く報盡為期《ほうじんいご》と、不肖香頂《ふしょうこうちょう》これを記《しる》す。この考え聖教《しょうぎょう》に善導曰《ぜんどういわ》く不顧身命《ふこしんみょう》と、洪道《こうどう》曰《いわ》く当念仏恩《とうねんぶつおん》と。我が本山の両堂信徒《りょうどうしんと》の至誠《しせい》に於《お》いて成《な》るは焉《いずくんぞ》　二十七人の死。この為《ため》に海内奮激拮据《かいだいふんげききっきょ》竭力《けつりょく》し、大土木《だいどぼく》の功《こう》すでに其《そ》の半《なか》ばを過ぐ。豈《あに》これ殉教《じゅんきょう》の遺烈《いれつ》にあらんや。銘《めい》して曰《いわ》く。

雪や雪や　ああ越の雪　なにその薄情　肝《かん》たん酸《さん》れつ
雪や奪いがたし　真心の熱　海内《かいだい》を激動《げきどう》　誰《たれ》か泣血《きゅうけつ》せざるや
信徒《しんと》力を益《ま》し　各地団結《だんけつ》　大堂《だいどう》これを成《な》すは　遺烈《いれつ》のそれによる

〔碑の背面の刻字〕

横死二十七人之碑

維時明治十六年三月十二日　越後国三郡四十六村門徒凡一千六百人欲乗積雪而運搬巨材　以助我本山本願寺両堂再築土木之功　而聚中頸城郡川谷村嶽山半腹時　丈餘積雪忽然従峰顚崩堕　聲震山壑　衆狼狽失路　不遑避之　遂二十有七人隕命于深谷崩雪底矣　豈可不傷哉　各方警察官郵吏皆馳赴救之　我法主大教正殊憫之　親撰死者法諱　以吊其信魂　賜若干金圓于遺族　旌其烟誠　焉遠近同志者不堪哀感　遂相謀欲樹石勒事以傳二十七人之信名於後代　會余奉法主命越後国　應同志請作銘　銘曰

懐恩忘危　巨伐搬峗　隕命維時　誰不傷悲
真信無疑　定生寶也　吊魂封碑　名千載垂

中講義　岳碕正鈍撰
淀野厳耀書

＊（書き下し文）

横死《おうし》二十七人の碑

この時《とき》明治十六年三月十二日、越後国三郡四十六村の門徒凡《およ》そ一千六百人、積雪を乗りて巨材《きょざい》を運搬するを欲《ほっ》し、以《もっ》て我が本山本願寺両堂再築《さいちく》土木の功《こう》を助けんと欲《ほっ》す。すなわち中頸城郡川谷村嶽山《たけやま》の半腹《はんぷく》にある時、丈余《じょうよ》の積雪忽然《こつぜん》と峰顚《ほうてん》より崩墜《ほうつい》す。声山壑《おとさんがく》を震《ふる》わす。衆狼狽《しゅうろうばい》し路《みち》を失《うしな》い、之《これ》を避ける遑《いとま》なく、遂《つい》に二十七人深谷崩雪《しんこくほうせつ》の底に隕命《いんめい》す。豈傷《あにいたま》ざらんや。各方の警察官や邨吏《そんり》、皆馳《は》せ赴《おもむ》きて之《これ》を救う。我が法主《ほっす》大教 正《だいきょうしょう》ことに之《これ》を憫《あわれ》み、親しく死者の法諱《ほうい》をえらび、以《もっ》てその信魂《しんこん》を弔《と》むらい、若干《じゃくかん》の金円《きんえん》を遺族《いぞく》に賜《たまわ》り、其《そ》の悃誠《こんせい》を旌《あらわ》す。豈遠近同志《あにえんきんどうし》は哀感《あいかん》に堪《た》えずや、遂《つい》に相謀《あいはか》って石勒《せきろく》を樹《た》てるを欲《ほっ》し、以《もっ》て二十七人の信名《しんめい》を後代《こうだい》に伝える。たまたま余《わたし》が法主《ほっす》の命《めい》を越後国に奉《ほう》じ、同志《どうし》の請《こ》いに応《こた》えて作銘《さくめい》す。

銘《めい》して曰《いわ》く。

恩《おん》を懐《おも》い危《あや》うきを忘れ　巨木を伐《き》り峗《けわし》きを運ぶ　この時隕命《いんめい》す　誰か傷《いた》み悲しまずや

真信《しんしん》（真実信心）疑《うたが》いなく　宝池《ほうち》に定生《じょうしょう》す　弔魂《ちょうこん》の碑を封《た》て　名を千載《せんざい》に垂《たれ》る

中講義　岳碕正鈍撰

淀野巌耀書

（「本山報告」明治二十一年一月十五日付

＊印は筆者による）

碑の側面や台座にも刻字があるが、これは発起人の考えによるものであろう。

〈碑の左側面の刻字〉殉難者の氏名

新潟県中頸城郡尾神村杉田當作　杉田との　杉田いの　杉田やす　秦野勇蔵　秦野みな　長谷川そめ　杉田みよ　仝県同郡川谷村若井與平治　若井とめ　若井せん　若井りか　宮川つな　若井美八　仝県同郡東横山村今井そめ　今井藤蔵　今井亀太郎　仝県同郡平等寺村杉田さか　杉田かち　杉田せい　杉田すい　杉田よし　仝県同郡嶺村布施久蔵　布施辰五郎　中嶋やす　仝県同郡板山村小山とめ　小山さか

〈碑の右側面の刻字〉

明治十六年十一月之建

〈碑の台座の刻字〉

〈正　面〉　有志中之立

〈左側面〉　発起　中頸城郡尾神村藤野俊平　仝郡川谷村松裏恵敬　仝郡尾神村大善利生

〈右側面〉　発起　中頸城郡川谷村宮川吉良　仝郡山直海村松村秀月　仝郡小沢村法山徳嶺

こうして、尾神岳の遭難現場近くに報尽為期碑が建立され、明治二十（一八八七）年九月二十四日、関係者によって建碑式と法要が営まれたのである。碑銘「報盡為期」は連枝摂光院、碑文は学師小栗栖香頂の揮毫であり、碑の大きさは縦約一三一センチ、横約六八・五センチ、厚さ約四〇・四センチ。台座を入れると高さ一九六センチになる大きな石碑である。そして碑の石材は尾神岳の石であると調査されているから、この石材も遭難事故を見ていた石なのかもしれない。

ところで、左側面の刻字は理解できるとして、右側面の日付「明治十六年十一月之建」にはとまどいを感じる。前述の石碑建立の「願」の日付は明治二十年九月二十四日と記されているからである。

しかし、後で説明する明治十六（一八八三）年四月に出された「去三月十二日川谷村地内天災事件ニ付始末上申」（資料編「資料27」参照）によれば、「又地方有志ノ徒ハ該災地ニ一大石碑ヲ立テ追弔法莚ヲ開キ以テ上ハ、法主殿ノ優握ナル芳恩ニ応ヘ……」と記されていることから、遭難事故のあった明治十六年の十一月には何らかの形の石碑が建立されていたと考えるのが妥当であろう。そのため、右側面に「明治十六年十一月之建」となったと考えたい。地元尾神集落に伝わる「現在の丘に報尽為期碑が建てられる以前に、丘の下に碑があった」という話は、それを裏付けるものである。

明治二十（一八八七）年の建碑の「願」は碑の完成を見てから上申したものであり、碑銘や碑文はそれ以前に下附されていたと判断するのが妥当であろう。そうでなければ、明治二十年九月二十四日に建碑の「願」をだし、同じ日に建碑式と法要が営まれたとする記録は、説明がつかなくなる。

報尽為期碑建立以降の経過

報尽為期碑は、たくさんの人の願いによって建立されたにもかかわらず、明治代以降いつのまにか顧みられなくなり、碑は草木の中に埋もれてしまった。明治十六（一八八三）年は遠くなったためであろうか、それとも信心が薄れたためだろうか、宗門にとっては、たいへん残念なことであった。

それが佐藤扶桑氏らの御尽力により再び日の目を見るようになったのは、昭和三十（一九五五）年のことである。そして昭和五十四（一九七九）年の殉難百回忌法要をきっかけに、碑も整備され、パンフレット『報尽為期』や『尾神殉難誌』が出版された。そして、その編纂の過程で遭難記録の発掘が行われ、事故当時の様子を伝える記録や献木を運んだと伝えられる大橇も見つかり、宗門にとって、信仰のよりどころが再びよみがえったのである。御尽力いただいた皆さんに心から敬意と感謝申し上げたい。

その当時の活動の様子を列記すると次のようになる。

昭和三十（一九五五）年

佐藤扶桑氏、堀井龍氏、松村彰尊氏、山賀隆二氏、真島哲雄氏らが、忘れ去られ雑木の中に埋もれていた碑を探り当て調査する。これにより殉難顕彰の機運高まる。

昭和三十一（一九五六）年

三月　佐藤扶桑氏の調査内容が東本願寺発行の『同朋』に掲載される。

昭和三十五（一九六〇）年

三月二十一～二十三日　本山において尾神岳殉難者追悼法要。遺族十六名参列。

昭和五十一（一九七六）年

七～八月　報尽為期碑までの参道（当時は農道）が地元農家の協力で整備される。以降、毎年の草刈りを尾神集落に依頼。高田教区より補助金を受ける。

九月　四日　高田教区主催の追悼法要を、本山より本田財務長の出席を得て行う。百余人の僧俗が参列。

昭和五十二（一九七七）年
五月　六日　高田教区聖跡顕彰委員会発足。
七月二十五日～八月二十五日　参道改修工事。碑敷地コンクリート及び杭柵等の工事。
九月二十六日　パンフレット『報尽為期』発行を決定。
昭和五十四（一九七九）年
八月　高田教務所よりパンフレット『報尽為期』が発行され、献木者は嶺村の松澤周平氏とされる。
十月　十九日　報尽為期碑前で殉難百回忌法要。本山より竹内良恵管長が出仕、地元僧俗、遺族ら百数十人が参列。お斎会場は源小学校。その場において源小学校児童の創作劇「殉難の碑にまつわる物語」を鑑賞。
昭和五十六（一九八一）年
七月　高田教区東部地区同朋会議の同朋大会により殉難者法要。以降、三年毎に同地区同朋大会の中で殉難者法要を行う。
九月　『じょうえつ市の郷土史散歩・続』（北越出版）に郷土史家渡辺慶一氏の「尾神雪崩遭難記」が掲載される。その後『明治・大正・昭和の郷土史』（昌平社、一九八二年）、『越佐研究』四十二集（新潟県人文研究会、一九八五年）にも掲載。この中で雪崩に遭遇した献木は嶺村黒姫神社で伐られたものとされる。

昭和五十七年（一九八二）年

一月　報尽為期碑が新潟県中頸城郡吉川町の文化財に指定される。

七月　四日　高田教区東部地区同朋大会で殉難者百回忌法要。参道通行不能のため、源小学校水源分校にて行う。

平成五（一九九三）年

十月　東本願寺再建百年に合わせて、再び報尽為期碑の修復工事、修復法要、記念誌出版をすることを高田教区聖跡顕彰委員会において決定。

平成六（一九九四）年

六月　修復工事完了。

十月二十一日　記念誌『尾神殉難誌』発行。

午前九時より　碑前法要。本山より三浦宗参務、日野教務部長、山崎義敬宗務顧問、藤島恵・竹田恵示宗議会議員、藤永俊光教務所長、高田教区聖跡顕彰委員会各委員、高田教区各組長が出仕。

午前十一時より　専徳寺にて両堂再建百年記念、尾神報尽碑修復報告並びに追悼法要。

十一月　五日　高田教区第十二組が毎年秋彼岸の頃に参道の草刈りを行うとともに、追悼法要を行うことに決定。

平成十二（二〇〇〇）年

十二月二十五日　尾神北線より報尽為期碑下までの参道約一キロメートルを吉川町町道に採用。以降、砂利敷きや一部補修工事等を町費で行うようになる。

平成十四（二〇〇二）年

十月二十三日　御門首夫妻、非公式にて参詣される。

平成十七（二〇〇五）年

一月　一日　参道を上越市道に変更。

一月　一日　報尽為期碑が上越市の準文化財に指定される。

六月　親鸞聖人流罪八百年記念行事として報尽為期碑修復工事、並びに『尾神殉難誌』再版決定。

七月　　　　　大雨のため、遭難現場近くで参道が崩落、交通止めとなる。
平成十八（二〇〇六）年
　六月～十一月　参道の改修工事。
平成十九（二〇〇七）年
　　　　　　　報尽為期碑修復工事。

大橇遭難史料の発掘

そして近年、その大橇の通った道を調査したり、人々が伝えてきた話を聞き出そうとする人もでてきた。そうした努力こそ、真宗の法灯を守り育てていく真の姿であろう。

しかし、明治十六（一八八三）年は遠くなったようである。大橇を引いた語り部がいないのである。そんな中にあっても時折、新しい情報も入る。遭難者が教えてくださっているのであろうか、偶然に埋もれていた古文書に出会うことがある。それらの一つが次に示す「大崎家文書」である。

明治十六年日誌　大崎佐治右衛門

三月十三日　昨、十二日午後二時頃、東本願寺財木大持尾神のタケノウラナゼ、多分死人出来候趣、山中村中村分家倅殿より承り候、驚入候、宅エ夕方キタク、清治十三日見舞罷出暮過帰り候

三月十四日　自宅午前七時江村重作殿、尾神大持死人聞合、小苗代水入下書渡ス

三月二十七日　山中米山へ本願寺大持引

（上越市吉川区「大崎家文書」）

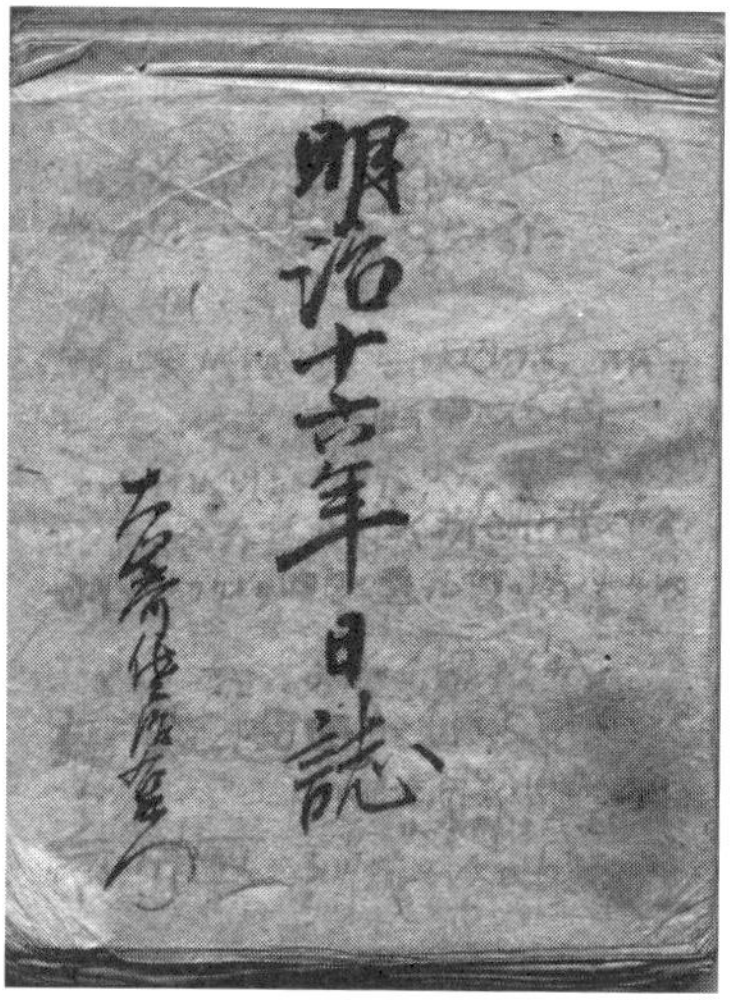

大崎佐治右衛門氏の日誌

わずか数行の日誌文であるが、大橇の事故の様子をはっきりと伝えてくれているとともに、この日誌を書いた大崎佐治右衛門氏は三月二十七日、積雪の中を約六キロ以上あると思われる雪道を歩き大橇引きに出かけていっていることがわかる。このことは、大橇は尾神岳遭難後、わずかの日数で再び献木を積み直して出発したことを示してい

る（文中、「山中米山」とあるのは、隣村の坪野のことと思われる）。

こうした文書の発掘を積み重ねながら、大橇の事故の様子を探し出して後世に伝えていくことも法縁であり、念仏申す者のつとめと考えている。

雪崩遭難の大欅の伐り出し場所の再調査

一、地元川谷村の言い伝え

明治十六（一八八三）年の尾神岳の遭難を記載した古文書との出会いがきっかけとなり、川谷や尾神へ足を運んで聞き取り調査をするようになった。何度か通ううちに新しい情報も得られるようになった。そうした中で情報を得る嬉しさとともに、再調査の必要も生じてきた。

それは、雪崩遭難に遭遇した献木用材は、頸城郡嶺村（現、上越市大島区嶺）の松澤周平氏が嶺村の黒姫神社の欅を買って献木したものであり、それが嶺—川谷—尾神岳—東横山—直海浜へと運ばれたとされたものと記載されているパンフレット『報尽為期』や郷土史家の「越後尾神嶽遭難記」などの論文、さらには記念誌『尾神殉難誌』の内容に疑問をもったからである。

そのきっかけは、聞き取り調査をしている中でのことであった。川谷の老人で「川谷のお宮から本願寺再建の欅が伐り出されたと聞いている」と話す人がいた。それも一人や二人でなく、次々と同じ話を思い出してくれる人がでてきた。

川谷の多くの人がそういうにもかかわらず、今までにその調査や検証が行われた形跡がまったくない。今まで地元の老人の話は空言として聞き入れてもらえなかったのであろうか。このような思いから、その正否を確かめようと考えた。

二、地元川谷村の文書の発見

川谷村は現在、上川谷と下川谷の二つの集落になっている。その二つの集落にあったはずの近世や近現代の文書はほとんど見つかっていない。吉川町（現、上越市吉川区）史編纂にかかわった人たちが何度も川谷へ足を運んだが、一部の地券証と質地証文を見ただけであったという。過疎化の激しさの中で失われたのであろう。また火災などの事故で失われたものもあろう。古文書が見当たらない中で大橇遭難の様子を調べるのは困難であった。これまでの尾神岳の雪崩遭難に関して公になっている論文や文献には、川谷村の献木の話は載っていない。当然それらの文献の編纂に当たった人たちは、川谷へ出向いて調査しているはずである。そのため、今までに尾神岳遭難に関して記述された方々に直接会って聞いてみたが、川谷からの献木の話は聞かなかったといわれる。

吉川町の町史が編纂されたのは平成十（一九九八）年である。そのとき、全町民に呼びかけて古文書を集める作業が行われた。その際、古文書が消えたといわれた川谷から吉川町史編纂室へ寄せられた少しばかりの文書がある。その古文書を丁寧に調べてみた。すると明治時代に川谷校の教員をしていた若井正夫氏が、教員退職後に川谷で生活しながら、川谷村役場などにあった古文書や川谷の故事来歴を写して記録されたものがあった。その中に東本願寺再建の献木の記録が載っていたのである。新しい証言文書の発見であった。そこには次のように書かれている。

黒姫神社　字平坪に鎮座、境内に欅の老木多かりし、民有地、土豪長島小左衛門先祖の勧請せしものなりと伝う、明治十六年東本願寺堂宇建立の際老欅を寄進す、他は明治三十年頃伐採、金にかふ

（上越市吉川区「若井家文書」

傍線は筆者による）

この文書が重要な意味を持つのは「明治十六年」と「東本願寺堂宇建立」という記述である。

この記述によって、これまで嶺村の欅が尾神岳で雪崩に遭遇したとされてきたのとほぼ同時期

に、川谷の黒姫神社からも切り出された献木の欅があることになった。

川谷村の献木と嶺村の松澤周平氏の献木は同じものか、それとも別のものなのか、これを調べることは、真宗大谷派宗史にかかわる重要な問題であると思われた。私がこの「若井家文書」に出会ったのが、平成十三年の春であった。

＊若井正夫氏の略歴
明治十八年五月二十八日、上川谷に生まれる。高田中学校卒業後、上京して医学の道を目指すが断念。直江津高等小学校、鵜川小学校、川谷小学校、源小学校の教員を務める。退職後、長年にわたり川谷区長を務める傍ら川谷地区の古文書を写し、自分史をまとめられる。昭和四十四年十月二十三日逝去。

三、尾神岳遭難古文書の再調査

まず、それらの問題を解くために、これまでに多くの方々が書かれた尾神岳雪崩遭難に関する資料となった古文書を再調査することから始めることにした。

ところが、そうした古文書の在り処を訪ねて読んでみたところ、大きな問題が生じてきた。

それは、どれだけ資料を調べても、尾神岳で雪崩に遭遇した用材は嶺村から切り出されたと記述している文書が一つも見当たらないばかりか、今まで雪崩遭難関係の書籍の資料とされた文書すべてが、雪崩遭難に遭遇した欅は川谷村または川谷村黒姫神社から伐り出されたと述べているものであった。

文書に記されている尾神岳雪崩遭難の用材の伐り出し場所

一、米山寺村「木村家文書」

明治十六（一八八三）年の尾神岳雪崩遭難事故関係の文書の一つである柿崎区米山寺の「木村家文書」を読んでみることにする。これは、明治十六年三月十二日のその日、大橇引きの様子を見に尾神村まで出かけて行って、雪崩遭難を目撃した木村左一郎氏の記録である。この記録は遭難の様子を最も生々しく伝えた文書である。

木村家を訪ねて、貴重な資料を見せていただいた。それには、毛筆の絵と次のような文章が書かれていた。

東本願寺大モチニテ、嶽の腰ニテ雪頽ノ為死人。川谷村黒姫神社境内木伐採シ大物ニシ、三本之内小方弐本ハ無難ニテ、横山上へ迄引出、大方壱本川谷向へ坂、三月九日朝ヨリ三日もかかり漸引上、翌十二日不暁ヨリ大勢寄集リ、午後二時頃迄ニ嶽ノ吹切ト云所へ来リシニ、突然嶽ヨリ雪頽一時推来リ、アハヤト云間ニ中途ニテ左右ニ分連、右へ突出シハ高弐間余、左へ突出シハ巾三四十間、長さ二丁程如図大物ニ衝突シ、木ヤリ人引子共一同ヤアーと呼ヒ乍逃げんとす連とも、嶽の間腰ナレバ、下モハ眼下ノ谿間、小児老人ノ手を引又引連、右往左往ニ漸ク逃レシカ、百人程雪頽ニ引込連、何尺下タニナリ、又逆ニテ足ヲ上ニシ、又首出シ居、其惨状実に目モ当ら連ぬ有様ナリ、即死は横山村三人、尾神八人、平等寺五人、上川谷六人、嶺三人、板山弐人、計二十七人、其夜ヨリ十四日迄ニ掘出シ、死人仮小屋へ並べむヲ見ルニ、見事ニ髪結赤キ結ヲ懸、或ハ孕女モ有、又小児ヲ背負シモ有、はばきに股引き□□カラスニ庄内ぼし、又笠ヲ著シモ有、其家族ハ勿論見ル人毎ニ袖ヲ濡らさぬモノナシ、十三日ヨリ十四日両日間、其掛ノ検視済、各自自宅に引取シニ、平等寺沢ト云ニテ、壱軒ニテ三人、同村壱軒ニテ弐人、横山村蟹沢ト云宅一軒ニテ弐人、其他ハ各壱人ノ由、此即死之外ニ自宅へ引取落命セシモ有ルト察ス、数村ノ事ナリ。分リ兼候。

（上越市柿崎区「木村家文書」
傍線は筆者による）

文中にある「川谷村黒姫神社境内木伐採シ……」は、先の川谷村若井正夫氏の文書と一致していて、川谷村の黒姫神社において木が伐採されたことを物語っている。しかも、その献木は三本であると説明している。二本は先に東横山（現、柿崎区東横山）に到着したが、大きいものが遅れて嶽の雪崩に遭遇したことも細かく書かれている。特に描きこまれた絵（口絵参照）を見ると、右下に川谷村があり、左には尾神村が書かれていることも、川谷村の黒姫神社から出発したことを示しているといってよいであろう。

木村左一郎氏は米山寺村の戸長（旧庄屋）であり、米山寺に郵便局を開いた人である。そして、尾神岳へは、「小方弐本ハ無難ニテ……」といわれるように、小方二本が到着していた東横山から大橇の進んでくる道を歩いて行き、雪崩遭難を目撃されたのである。そのため、この人の記録は最も臨場感をもって事故の様子を伝えている。また、他の雪崩遭難事故を伝える文書「川谷嶽ニ於テ雪ナゼ落ノ為廿七人変死人始末書」（資料編「資料24」参照）に「同村ヨリケヤキノ良材三本伐木シ」と記されていること、さらに、次項の「去三月十二日川谷村地内天災事件ニ付始末上申」（資料編「資料27」参照）に「川谷村ヨリ両堂御再建用材二本献納ニ相成リ」と記されていることからして、雪崩に遭遇した献木の伐り出し場所は川谷村黒姫神社と考えてよいであろう。

二、「去三月十二日川谷村地内天災事件ニ付始末上申」（資料編「資料27」参照）

川谷村と尾神村の戸長と、川谷村法西寺、山直海村専徳寺、同善立寺、下小沢村威徳寺、平等寺村満願寺の住職が本山再建局管理に提出した上申書には、献木について詳しいことが記載されているので読んでみよう。

①越後中頸城郡川谷村ヨリ両堂御再建用材二本献納ニ相成リ、已ニ昨年伐木致シ本年三月五日頃ヨリ運搬ニ取掛リ候処、迚モ一村人民ノ自力ニ及バズ、近郷数十ヶ村へ助力ヲ依頼シ、（—途中略—）俄然該嶽山ノ上ヨリ二百間余ノ雪崩落罹リ一同狼狽逃ントスルモ、嶮路地ナルヲ如何セン、②殊ニ当日ハ前夜深雪一尺余モ降リ積リ歩行最モ不自由、只壮者ハ辛クシテ纔カニ一命ヲ助クルト雖モ、其老幼者ニ至リテハ逃グルニ術ナク、ナゼ雪ヲ被ルモノ幾百人、実に此ノ時ノ惨状タルヤ、父ハ子ヲ喚ビ子ハ父ヲ泣キ号叫、天ニ響キ雑沓地ノ震フノ有様言語ニ絶シ、筆紙ノ及ブ処ニ非ズ、是即本年三月十二日午後二時頃ナリ、然リ而シテナゼノ止ムヤ否ヤ无難者ハ親疎ヲ論ゼズ、男女ヲ分タズ、或ハ素手或ハ器機ヲ以テナゼ雪ヲ堀リ被害者ヲ救ヒ、帯ヲ解キ肌ヲ以テ温メ、数ヶ処ニ火を燃キ水ヲ汲ミ薬含ム等ノ一方ナラザル尽力ニ依テ、漸ク蘇生スル者亦幾多ナリ、然リト雖モ不幸ニシテ即死ノ難ニ罹ルモノ廿余七名、重傷タル者凡ソ八名、（—途中略—）③方々以テ大ニ地方門末ノ民心ヲ振起シ、数千人ノ人夫ヲシテ亦々、仝廿二日ヨリ用材運搬ニ取掛リ、毎日数千人人夫ヲシテ称名ト共ニ師恩ノ辱キヲ唱エ、我レ一ト尽力セシヲ

以テ、④尾神村ヨリ献木ノ木材三本、仝三十日仝郡直海浜ノ海岸迄引着ケ、川谷村ヨリ献納ノ一本同郡灰庭村迄引出シ候得共、⑤何分雪消時運搬ニ差支ヘ寄拠ナク、同地ニ留地置候、（―途中略―）⑥又地方有志ノ徒ハ該災地ニ一大石碑ヲ立テ追弔法莚（ママ）ヲ開キ以テ上ハ、法主殿ノ優握ナル芳恩ニ応ヘ、下ハ亡者ノ霊魂ヲ慰サメント欲シ、尚ホ此ノ天災ヲ一大因縁トシテ、講社ヲ取結ビ、永く十二日ヲ講日ト定メ、法義相続ヲ肝要トシ須ク報謝ノ懇念ヲ運バント尽力最中ニ御座候間、右ノ始末概略上申候也

明治十六年四月

地方有志惣代　（氏名は略）

再建局管理　中教区大谷勝尊殿

（上越市　渡辺慶一氏蒐集文書
傍線は筆者による）

この文書は長文のため、ここでは傍線①から⑥の記述部分だけを引用したので、詳細は資料編を参照していただきたい。

①の記述は献納二本であるから、先の「木村家文書」や「中条家文書」（資料編「資料25」参照）の三本とは数字が異なっているが、雪崩遭難の献木は川谷村となっている。②の記述では

新雪（深雪は記述の誤りと思われる）一尺とあるから、雪崩は表層雪崩であったことがわかる。③の記述では、遭難の十日後には再び運送にとりかかっていることがわかる。④⑤の記述からは、尾神村からの献木が三本あったことと、川谷からの献木一本（雪崩で搬送が遅れたもの）が途中の下灰庭に留め置かれたことを教えてくれる（詳細は、この後の「大橇の通った道を往く」に記載）。⑥の記述では、石碑を建てて追弔法筵を行うことを申し出ていることがわかる。

川谷村黒姫神社の所在地

さて、雪崩に遭遇した献木用材は、先に紹介した「若井家文書」や「木村家文書」は川谷村の黒姫神社で伐採されたと記載している。その黒姫神社は明治十六（一八八三）年に合祀されて現在は熊野三社となり、黒姫神社の名が消えてしまっている。しかし、「若井家文書」が「黒姫神社　字平坪に鎮座」と伝えていることから、黒姫神社が字平坪《たいらつぼ》にあったのは確かである。

一方、この神社を管轄する方は上越市吉川区国田の横田宮司である。横田家に伺って、合祀の際に県令に提出された文書を読ませていただいた。それによると、「黒姫神社は川谷村字宮田」にあったと記載されていて、明治十六（一八八三）年八月に熊野三社として合祀されたことになっている。

この二つの文書の記載が川谷村黒姫神社の所在地を異にしているため、再び川谷の人々に黒姫神社のあった場所について聞き取り調査をしたところ、黒姫神社があった場所は宮田《みやでん》であるが、字平坪はその宮田の隣接地であり、字宮田、字平坪、字中坪という地域一帯（旧川谷小学校のある地域一帯）を地元の人たちは「たいらつぼ」といってきたことがわかった。このことから、「若井家文書」が、地元の俗称をもって「黒姫神社　字平坪に鎮座」と伝えたのであろうと思われる。

黒姫神社の切り株

「若井家文書」は「黒姫神社　字平坪に鎮座、境内に欅の老木多かりし、民有地、土豪長島小左衛門先祖の勧請せしものなりと伝う」と記している。その長島家は今も現存しており、長島ヤヘさん（八十五歳）は長島家の隣家から嫁いでこられたという生粋の川谷の人である。ヤヘさんに川谷の黒姫神社の所在地を特定してもらうことができた。そして「戦後までこの地の道沿いに大きな欅の切り株があって、じゃまになっていた。その切り株は小屋を建てるときにようやく取り除くことができた」と話してくださった。それが献木の切り株だという証拠はないが、大きな欅があったことを偲ばせてくれる話である。

この黒姫神社については「若井家文書」が「民有地」と記載している。すなわち、黒姫神社の境内地は川谷村の人々の私有地だったのである。このことは、川谷村の人々が黒姫神社境内の欅を切って東本願寺再建用材として献木するには、たいへん都合がよかったことにもなる。

大橇は主要道を往く

報尽為期碑の所在地が示すように、川谷村の献木を乗せた大橇は川谷—尾神岳—東横山—岩手—直海浜というコースを運ばれたのである。この道は一見すると尾神岳を上り下りするという困難な道のように思われるが、明治時代までは、この道が刈羽郡や東頸城郡と柿崎を結ぶ、この地方の主要街道だったのである。そのため、明治三十四（一九〇一）年には、郡費で賄う郡道に格上げになり、その後も地域の有力者であった上吉川村村長の藤野氏が中心になって、県道に採用されるよう再三申請してきた道である。

現在、その道は路線変更となって近くに新道が掘さくされ、自動車が通れない道でありながら県道となって、舗装された道が尾神岳の中腹を横切っている。春の新緑と秋の紅葉の季節は、地元の人にしか知られていない散策道となっている。

献木の再建用材が運ばれた旧道を、川谷の老人たちは「塩の道」と呼び、尾神の老人たちは

「牛の道」と呼ぶ。柿崎の海岸で作られた塩が牛の背に積まれて、この道を通って松之山から長野方面へと運ばれていったのであろう。東本願寺再建用材を積んだ大橇も、この主要街道であった旧道を通ったのは必然であったと思われる。

大橇の通った道

川谷村の黒姫神社で伐られた欅は、一年後に荒削りされた木材となり、明治十五（一八八二）年三月五日から大橇に積まれ、当時の街道「塩の道」「牛の道」を中心に尾神岳の急坂を登ったのであろう。その急坂を「木村家文書」は「向へ坂」と書き記し、その坂を三日もかかって引き上げたと説明している。この「向へ坂」は小字名にはないが、地元では川谷側からみた向かい側の坂、すなわち尾神岳の壁面を登る「塩の道」「牛の道」の急坂のある一帯の総称をいうのである。

献木用材を積んだ大橇は、その「向へ坂」をたどって尾神岳の中腹まで引き上げられ、尾神（吉川区尾神）、坪野（吉川区坪野）、東横山（柿崎区東横山）、岩手（柿崎区岩手）へと引かれていった。

先に述べた「大崎家文書」と「去三月十二日川谷村地内天災事件ニ付始末上申」から推察すると、岩手には三月二十八日か二十九日頃に到着したはずである。その後どうしたかは、この上申書には「仝廿二日ヨリ用材運搬ニ取掛リ……川谷ヨリ献納ノ一本同郡灰庭村迄引出シ候得共、何分雪消時運搬ニ差支ヘ寄拠ナク、同地ニ留置候」としている。これは雪崩遭難のために運び出しが遅くなった川谷村献木の一本であり、下灰庭（現、柿崎区下灰庭新田。岩手の隣接地）で雪が消えたため、大橇での運搬はできなくなったのである。下灰庭に留め置いたということは、柿崎の直海浜港へは、翌年の降雪を待って大橇で運び出したことになる。柿崎川を流したと想像してきた人もいるが、「留置候」は、そうしなかったことを説明している。わずか一年前に伐採した欅の大木が水に浮くはずはない。また、この大欅は御影堂の虹梁に使えると期待された大物であったと伝わるから、何十トンという重さであったろう。そのような重いものを運ぶ荷馬車もなかった。積雪の中を大橇を使う方法がただ一つの運搬手段だったのである。

向へ坂の上より石谷を臨む

頸城北部地方から搬出の再建用材

ところで、先に紹介した「去三月十二日川谷村地内天災事件ニ付始末上申」には「尾神村ヨリ献木ノ木材三本、仝三十日仝郡直海浜ノ海岸迄引着ケ……」という記載もある。これは、尾神村から献木されたものが川谷村の献木とは別に存在していたことを示しているのである。尾神村のどこで伐られたか未だにわかっていないが、この文書はこの地方から再建用材がたくさん運び出されていたことを教えてくれている。

ほかにもこうしたことを説明している文書がある。その文書は「大崎家文書」の「明治十四年巳日誌　大崎佐治衛門」である。それには次のように書かれている。

明治十四年巳日誌　大崎佐治衛門

二月廿三日　午前　自　本山大モチ橋懸ケ

二月廿九日　尾神大持廿八日当村来、三月一日大川越ス

三月　八日　山直海より御本山大持当地エ

（「大崎家文書」）

この日誌を書いた大崎佐治右衛門氏は、明治十四（一八八一）年二月二十三日の午前中に本山再建用材を積んだ大橇を通すための橋を架ける工事に参加している。そして尾神からの大橇が二十八日、二十九日に佐治右衛門氏の住む荒戸河澤村（現、上越市吉川区河沢）を通過して、三月一日に荒戸河澤村の前を流れる大川（吉川）を越えたと記述している。さらに三月八日には山直村からの用材を運ぶ本山大持が荒戸河沢村を通過したことも教えている。

この資料は、先に紹介した「去三月十二日川谷村地内天災事件ニ付始末上申」に記載されている「**尾神村ヨリ献木ノ木材三本**」とは異なる用材である。これは、川谷―尾神岳―東横山という道を通って運び出した東本願寺用材とは別に、尾神―国田―荒戸河澤―下条―直海浜という道を運ばれた東本願寺用材があることを示しているのである。

また、この日誌は、「**山直海より御本山大持当地エ**」のように、山直海村からも東本願寺用材が切り出されたことを教えてくれているものであって、これも積雪の中を大橇で引き出していたのである。そして、この日誌は明治十四（一八八一）年のものであるから、尾神岳で雪崩遭難に遭遇した川谷村の大欅より、二年も早く直海浜の港に到着していた東本願寺再建用材があったことがわかる。

こうして、頸城郡北部尾神岳周辺から東本願寺再建用材がたくさん切り出されて直海浜に集められ、筏を組んで直江津の木揚場へと運ばれていったのである。

東本願寺再建用材を運んだ大橇

岩手（上越市柿崎区岩手）の円田神社の縁下にあった大橇、下灰庭新田の宮ノ入家にあった鼻橇《はなぞり》が、東本願寺の御影堂と阿弥陀堂をつなぐ廊下に展示されている。それは、地元が東本願寺再建用材を運んだ大橇として伝えてきたからである。

この大橇の先端には、寄進者である苅羽郡石黒田辺重栄氏、苅羽郡石黒田辺重五郎氏の名が刻んである。積雪の多い刈羽郡石黒村では、冬期の仕事として大橇引きに携わる人が多かった。そのため、石黒村には大橇引きを指揮する木遣り師や大橇を作る大工が揃っていた。また、石黒村は高田教区の寺院の門徒も多く、もともと頸城地方とは縁も深く、川谷村の近接の村ということもあり、川谷村からの東本願寺再建用材の搬出に当たって、石黒村の人々の協力は必然だったと思われる。

柿崎区岩手で保存されていた大橇

こうして、この川谷村から搬出の大橇に取り付いた人の数は二千人近くになったといわれているから、大橇の周りに集まった人の様子は、砂糖の周りに蟻が集まった様相に似ていたであろう。

しかし残念ではあるが、岩手の円田神社の縁下にあった大橇（本願寺廊下の展示品）が雪崩遭難に出遭った大橇であるという証拠はない。今となっては調べる術もない。しかし不思議な思いをいだかせる大橇でもある。明治十六（一八八三）年、川谷からの献木は三本であるから、用材を運んでいた大橇は少なくても三台あったはずである。そしてその橇は用材を運んで直海浜まで行ったのである。

岩手円田神社にその大橇の一つがあったということは、再び岩手まで戻って来たということになる。その理由は何であろうか。直海浜では保存する場所がなかったのか、それとも岩手近隣の村で必要だったのか。

先にも述べたように、明治十四～二十年頃まで、越後では大橇を使って大量に東本願寺の再建用材を運び出していた。そのため台数に限りのある大橇は、利用希望の地を転々としながら活躍していたと思われる。このように考えれば、岩手円田神社にあった大橇は、献木用材を運んだ後も、この地方からの東本願寺再建用材や地元の建築用材を運びだすために再び岩手に戻ったと考えるのが妥当であろう。

大橇による運び方

頸城地方では、大きな建築用材を運び出す作業は、積雪が固くしまる二月末頃から三月にかけて大橇で行われてきた。村に住む大人の男女が「結い」という助け合いで引き子となって、大橇を引いたのである。この大橇を自分で作って建築用材の搬出をしていた人が、十日町市松代に健在であった。その人は建築大工の米持義一氏（九十五歳）である。米持氏から伺った大橇引きの話をまとめると次のようになる。

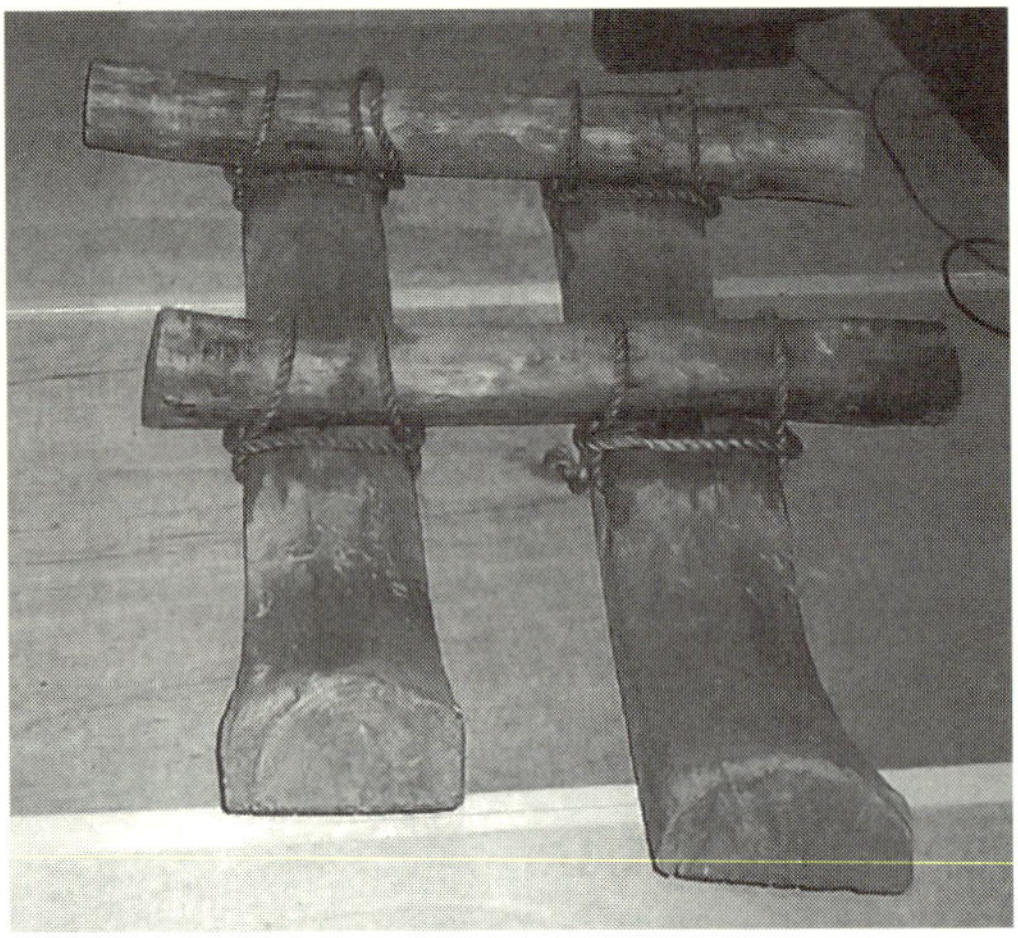

宮ノ入家で保存されていた鼻橇

「大橇を作る木材はイタヤカエデ。この木は柔軟で丈夫、雪面をよく滑る性質をもっている。大橇には横木を渡すための突起（ヤマ）を作るが、その突起は橇の長さに応じて作る。それが大橇の良し悪しを決める重要な技術となる。

二本の大橇のヤマに横木を二本渡し、その上に運び出す用材を乗せる。大きな用材の場合は太く重い根元の方を大橇に乗せ、一方の端（木の先の方）が大橇の後方で雪面に着くように取り付ける。一方の端を雪面に着かせることにより、下り坂の速度の調整や上り坂での滑落を止める役割をさせる。用材がさらに大物になると、鼻橇《はなぞり》という小型の橇を併用する。大きな用材は雪面に接している部分の重さのためにブレーキが強くなる。そのため、雪面に接する所（木材の先端、木材の鼻先ともいう）に小型の鼻橇を入れて滑りやすくする。

大橇の引き綱は左右の大橇の前の突起に渡された横木に取り付ける。大きな用材を運ぶときは、坂を上るときに使う控え綱、下り坂で速度調節するかけ綱を、前後左右に取り付けて、速さや方向を調整しながら運ぶ。その引き綱は麻を加えた藁縄を何本も撚り合わせ、相撲の横綱を作るようにして作る。太さは直径十センチくらいになる。」

また、東本願寺廊下に展示されている鼻橇は、東本願寺再建用材運搬に使われたものとして宮ノ入家に保管されていたものである。その保管主である宮ノ入正氏は、三代前と二代前の先祖が大橇の上に乗って指揮をする木遣り師で、「東本願寺用材を運んだとき、三代前の者がその指揮をとったから我家に保管されてきたのであろう」といわれる。この話から想像すると、東本願寺再建の用材を運んだと伝えられている大橇が、すぐ近くの円田神社にあった理由もわかるような気がしてくる。

このように大橇や鼻橇がとりもつ縁で、報尽為期の石碑が、再び本願念仏の教えを聞く御影堂との結びつきを強めてくれたことは、たいへんうれしいことであった。

本山記録のミステリー

残念なことであるが、尾神岳で雪崩に遭遇して犠牲者をだした川谷村の献木用材が両堂のどこに使われたかについて、本山の資料は明確に答えてくれていない。先に示した「木村家文書」が「今般西京　東本願寺造営ニ付、該用材木寄付有志者中頸城川谷村々中ニシテ」と記載しているように、献木である。献木であるならば、どこかに記録されていてよいのではないかと思われる。

本山資料『東本願寺――明治造営百年』（真宗大谷派本廟維持財団、一九七八年）には、日本各地から献木された用材の献木者名や出所が記されている。しかし、献木すべてが明確にわかるようには記されていない。御影堂について、越後国からの献木で、その献木者名が明らかにされていないものをあげると、次のようになる。

後　堂　梁　越後国同行中　十八年三月二十五日納
九字之間梁　越後国同行中　十七年四月十九日
南側広縁梁　越後国同行中　十八年十一月二十七日納
六字之間梁　越後国同行中　十七年四月十日納
北側広縁梁　越後国同行中　十八年五月五日納

（『東本願寺―明治造営百年』）

ここに示した「越後国同行中」の中に、川谷村村中のものが含まれている可能性が高いのではないかと思っている。

川谷村の献木は、報尽為期碑を建立するに至った大本である。門徒が真宗本廟再建につくした法縁を、後の世を生きる者へ伝えるべき大切な献木である。このままどこに使われたか所在不明のままにしておきたくはない。今後、本山においてのさらなる調査を願い、解明をしていただきたいものと考える。

雪崩事故の心的傷害

雪崩遭難に遭遇したと長く信じられてきた嶺村の松澤周平氏の献木用材については、「献木願」や「献木届」が現存しており、御影堂の巽の隅木にもその名が記載されている。その松澤周平氏の両堂造営への尽力からして、他にもこの献木に関する文書や言い伝えがあってもよいのではないかと思い、静岡県磐田市に在住の松澤家に封書でお願いしたところ、いろいろと家に残っていた書類を調べてくださったようである。しかし、新しい情報を得ることはできなかった。

その丁寧な返書と、川谷村の松澤家当主の御実家から同じような心を痛める話を伺った。それは、嶺村や板山村から雪崩による犠牲者をだしたのは、松澤周平氏が献木やその搬送に熱心だったからだと言われるようになった。そのために、松澤家では昔から献木の話はダブーになってきた、というものである。

この話を聞いて申し訳ない気持ちになった。両堂再建という大事業に大きな貢献をされた方が、その働きのために不遇の生活を送られたということになるからである。お聞きしながら、両堂再建の貢献者へ感謝の意を表す機会を失してきたことに気付いたのである。両堂を心の拠りどころとする門徒は、こぞって配慮しなければならないことであろう。

そういえば、川谷や尾神においても、松澤家と同じように、献木の話がくわしく伝わっていないことに気付く。さらに不思議なことに、その後編纂された『東頸城郡誌』や『中頸城郡誌』、さらには『刈羽郡誌』も、尾神岳遭難の史実を伝えていないのである。

これには、時同じくして自由民権運動弾圧に関する高田事件が起こり、新聞などの関心がその方に集まったために、遭難への取材が徹底しなかったという説をとなえた人もある。しかし、悲惨な事故の様子を思い浮かべてみると、高田事件以上に、この事故を封印させる理由があったように思われてくる。それは、雪崩事故が地元の村人総出の目の前で起こり、数多くの犠牲者をだしたことである。その衝撃は、村人の心に重く深い悲しみの傷となって残ったに違いない。

肉親の死は悲しいことである。事故に遭遇した恐怖は簡単に消え去るものではない。「木村家文書」が「其家族ハ勿論見ル人毎ニ袖ヲ濡らさぬモノナシ」と伝えるように、一家を支える父や母、さらには多数の幼い子どもたちが犠牲になったのである。涙に暮れる日々が続いたであろう。そしてその当時は、悲しみや恐怖をやわらげる対応はとられなかったのである。こうした深い心的痛手を負った村人の状況からして、事故の目撃者が献木や大橇遭難の話を語らなくなったのは当然のことと思われる。

おわりに

尾神岳の中腹に建つ報尽為期碑は、これまでにたくさんの方々の尽力によって護られてきた。そのお陰で、今では宗門を守り育て、凡夫である私たちを諭し、あるべき姿に教え導いてくれる象徴的存在ともなっている。

そのため真宗大谷派寺院ならびに門徒は、碑の保護のための努力を怠らず、碑がいつまでも毅然とした姿でそこに建ちつづけるようにしなければならない。

そしてさらに、真宗大谷派門徒であるならば、御影堂の聖人に遇うことを願うのと同じように、一度ならず二度三度と報尽為期碑を訪ねて、胸の中に迫りくるものを感じていただきたいと思う。

碑は人里遠く離れた場所で、ひっそりと尾神岳を見あげて建っている。静寂の中で碑にぬかずき手を合わせれば、必ず自らの信心が問われてくるはずである。それは如来との出遇いというものであろう。

参拝者のために、地元高田教区第十二組門徒は、毎年その道の除草と道路補修に取り組んできた。真宗大谷派の重要な史跡を守り続けようという努力は「信心の真」である。

報尽為期碑への道は、ようやく整備され、車も通れるようになったが、危険な悪路であることには変わりはない。くれぐれも安全を確かめながら参拝していただきたいものである。

殉難のいしぶみ

右下が伐採場所。大橇は前面の尾神岳を登り、
中腹を右方より左方へ進んだと想定される。

資料編

掲載した資料は、近現代の資料であり、現在では不適切な言葉や考え方で記述されているところもある。しかし、貴重な歴史資料であるため、そのまま掲載した。

また、資料の中には誤字や当て字があり、用語にもおかしいところがあるが、これもすべて原文のままとした。

「資料１」東京曙新聞

本堂新築に伴い、勅額を賜る

東本願寺本堂新築に付いては、先帝孝明天皇より、亀山天皇の御菩提の御ため云々の綸旨を賜りし廉を以って、今上天皇の勅額を賜るべき旨を、このほど同寺へ達せられたりと聞く。

（明治十二年五月十五日付）

「資料２」配紙甲第二一号

再建御発法主殿御親諭

何レモ上京奇特ニ今般大門楼上ノ三尊像開眼ノ法要滞リナク執行イタシ安心満足ス就テハ本廟再建ノ儀ハ去ル慶応年間　先帝ヨリ　綸旨ヲ賜リ既ニ其催シニ及ヒシトコロ時勢ノ穏カナラサルニ際シ不本意ナカラ延引イタセシコト然ルニ文明ノ餘澤上下泰平ヲ唱フル今日佛祖崇敬ノタメ且ハ門末教導ノタメ着手セスンハ有ルヘカラス加之去ル九日特別ノ　叡慮ヲ以テ　勅額ヲ下シ賜ハル御沙汰ヲ蒙リ實ニ　朝恩ノ辱ケナキヲ畏リ存スレハカタカタ　以テ今日更ニ両堂再建ノ儀ヲ發スルアヒタ門葉ノトモカラ其意ヲ體シイヨイヨ外ニハ　王法ヲ守リ内ニハ他力ノ信心ヲ決定シテ　佛恩報謝ノ懇念ヨリ取持ノ程深ク相頼事

（明治十二年五月十二日付）

「資料３」朝野新聞

再建に聖上より御下賜金

東派本願寺再建に付き、主上より御手元金千円を賜かりしが、このたび手斧初め滞りなく済みしを聞し召し、更に金一千五百円と、別段手斧初め御祝儀として同二百円を賜りしと承る。また徳川家達君より勝安房君に託され、同寺へ金四百円寄附されし由。また同寺再建に付き、諸国信徒より建築の万分に充てんと、向う六ヶ年間金米等を寄附せし中、加賀一ヶ年に付き金十万円、米五百石。越中前同断、美濃前同断、尾張前同断、能登一ヶ年金六万円米二百石、三河一ヶ年米三百石、瓦類一式なりと。

（明治十三年十月二十九日付）

「資料4」配紙

木材伐採等心得

両堂再建寄付木材ノ儀ニ付追々被候候次第モ有之候処木材ノ性質ニ応シ伐採ノ時節等不同有之ニ付自今左ノ心得書ノ通リ精々注意ヲ加ヘ用材ノ木質毀損無之様可致此段相達候事

明治十三年一月二十五日　　両堂再建事務局

木材伐採心得

第一条　欅材ハ冬期伐採ヲ善トシ寒中ニ伐ルヲ最要トス又松材ハ秋期ニ伐ルヲ善トス

第二条　欅材ハ竪割ノ多キモノナレハ其根元ハ土中ヨリ堀テ伐ルヘシ末口ハ枝附ノ上ヨリ伐ルヘシ一寸ニテモ丈ケ長ク伐リオケバ正寸取調ノ時大ニ都合宜シ

第三条　欅材ハ伐リタルママニテ木ノ皮ノ自ラ朽ルマテ置ケハ木質益良好ニナルモノユヘニ一日ニテモ急ニ伐ルヲ善トス

第四条　柱虹梁台輪ニ用ユヘキ見込ノ欅材ト牛引土居桁足堅メニ用ユヘキ松材ハ当局ヘ申立ノ上指揮ヲ経テ伐採スベシ

第五条　欅材長サ弐間以上周リ八尺以上ノモノハ木質ノ最善ニ拘ハラス多分入用ナリ雑木ハ長サ四間周リ六尺以上ノ木ハ是亦多分入用ナレハ寄付見込ノモノハ都合ノ取計ヲナスヘシ

第六条　松材ハ伐リタル後日数ヲ経レハ大工ノ使ヒ方ニアシキモノ故ニ大材ノ分ハ其寸尺ヲ取調ヘ当局ニ申出指揮ヲ得テ伐ルヘシ　但寄付人ノ都合ニヨリ已ニ伐採スルカ又ハ速ニ伐採ヲ要スルモノハ皮ヲ剝キ直ニ池沼又ハ堀等ニ囲オクヘシ若運搬セサルヲ得サルモノハ其旨申出ヘシ

第七条　凡ソ欅材ハ伐タル後日ヲ経ルホト良材トナルモノナリ松材ハ伐タル後直ニ大工ノ手ニカクヘキモノナレハ少シニテモ日ヲ経サルヲ善トス

（明治十三年一月二十五日付）

「資料5」開導新聞四七

御再建に付越後新潟　柏崎　今町　越中伏木　岩瀬　能登宇出津　輪島　加賀金石　美川湊　安宅　□屋　越前坂井港　敦賀等の各港木揚場に昨年来たくはへある大材荒造の為め昨冬夫れぞれ大工をつかわされしが　今度大阪戸田荘二郎所有の帆前船（西洋形にて長三十六間）並に昨年能州七尾にて新造せし常葉丸（西洋形帆前船なり）を以て春分後好き時候を待ち続々運漕の見込なるよし

（明治十四年二月八日付）

「資料6」開導新聞五四

越後の国頸城郡下中村の同行は今度の御再建につき何卒出来るたけの御取持を申上げんと種々に心配り居らるるよしなが　中に手細き女の仲間より二十匁或は四五十匁つつの綿を持出し家業の邪魔にならぬやふあい間あい間に糸をひき機を織り　最早十反余の木綿が出来上り上納する計りなりたる趣　温順き御取持の仕方というべし

（明治十四年三月一日付）

「資料7」開導新聞七二

今度の御再建につひては、誰あっても身分相応の御取持をいたさざるもの稀なるが、中にも越後国は門葉の数も夥しく篤信のものも多ければ我一とお手伝の志あれとも全く肝煎の少なきといふものか、これまで評判の割には良材の献納も薄かりしが、昨年八月四級出仕楠潜龍氏の出張已来大ひに人気も調ひ、続ひて六級出仕三那三能宣氏が出張して、木材等を取調の上、該国に於いて五箇所の木揚場を取り設け、其後笠原氏等の尽力により本年の二月に至り、周り壱丈五尺以上の槻等三百本余も献納になり、それより日々彼処にも木切此処にも引出しと、その賑わひは違反形無し、別けて頸城郡辺はまず真宗東派本願寺用材、或は米北何《(ママ)》組等に染め出したる大幟を何十本となく押し立、その他町々村々より紅白等思ひ思ひの旗をひるかえし、我も我もとソリに載せたる大材の縄にとりつき、暫かの間に数十里もある木揚場までかるかると運搬する有様は、いかにも目ざましくまた尊きことなりと、近頃該地より上京の人の話。

（明治十四年四月二十四日付）

「資料8」 朝野新聞

京に加能越から木材運搬

西京東本願寺の建築に付き、加、能、越の三国より献納する木材はおびただしき事にて、その運搬の途中号頭（きやり）をかけざれば大木が引きかねるとかで、音頭とりを穿鑿中なりし処、当時大阪東区北浜に寄留する鈴木又兵衛はもと加賀の生まれにて、同所本願寺修復の時二番の音頭取りを勤め、その声数百千人の耳に徹るというよりその撰に当り、今度音頭取りに成るにつき、又兵衛は見真大師一代記の中を抜粋して節付けをなして明治節と唱え、この節引子連中へ教示中なりという。この一事にても同寺へ良材の輻輳するは推して知るべし。

（明治十四年六月十日付）

「資料9」 開導新聞一一一

越後国糸魚川近傍の組合より御影堂広縁側の組物一式を御寄付いたしたひと願ひ出られしが　この程御聞済になりたるよし。

（明治十四年七月七日付）

「資料10」 開導新聞一二三

去る九日越前加賀の両国より御再建の用材並に米穀を積たる舟が八艘程大阪の木揚場へ着せしよし、又越後国直江津木揚場は去る七月廿日より廿二日まで三日間開場式を行われしよし。

（明治十四年八月二十一日付）

「資料11」開導新聞一二五

越後国新潟礎町本山再建木揚場の開場式は去る六月四日小早川七級出仕長谷部八級出仕の両氏が出張され賑々しく営まれたり　該場の位置たるや前には名高き信濃川あり後ろには同川の支流を帯び防火にはこの上もなき良地なり　建物は凡そ百拾余坪　仏殿　書院　事務取扱所　台所等なり　庭前も自然に風雅の趣あり　その地面並に建物一切は同地大川前通り坂井利吉氏の寄付にかかり本場は全く同氏の大奮発大熱心より成ずる所にして悉皆の経営纔かに四十余日にして功を竣たり　見る者その神速に驚かざるものなし　又該場の什物は御本尊の御厨子を始め五具足また三具足　金灯篭　打敷（二組）半鐘　太鼓　畳台　提灯　長さ七間の紫縮緬の幕一張　同木綿の幕一張　その他種々のものあり　凡そ此の金額千五百円余に上れりと寄付の人々は同懸前の大書記宮官南部氏　区長白石氏　同書記大森氏また同地の豪商白勢氏等なり　本日は幸に天気も晴朗なれば　まず門前には大小国旗及び五つ流れの大フラグ並に五色の吹貫を晴天に飄へし　港口の上下には予て有志の人々が一日三秋の思ひにて待わびし開場式のことなれば老少男女の別ちなく舟を浮かべて御用材を引来る模様は舟ごとに大谷本願寺再建用材何村何行何寺講中と書したる小旗を推し立て楫を皷し舷を叩ひて暫次門前に達しまた陸よりは市中村落の信徒が本日の祝儀として　或は赤飯　或は白米または薦樽等を車に積み上げ木場を指して進み来る有様に勇ましくまた奇特にもみへたり（明治十四年八月二十五日付）

「資料12」開導新聞一二八

越後国西頸城郡梶屋敷の木揚場に於て同所の福部誠吉氏は是まで示談方の代理として事務を取扱ひ居られしが何か止を得ぬことがありて辞職せられたるよし　該氏は性質実直にして上を敬ひ下を憐み人の信忍を得たるものにて　本年五月工作場設立の際などは自ら草鞋がけにて茅縄などの周旋に奔走し纔か三日間に工作場居宅との二棟を落成し

又過般開場式の時も非常の尽力にてこれまで手次寺へ出入した事もなき老若が我先にと御取持をいたしたは該氏あづかりて力あるよし　該場世話方の渡邊氏の話なりとて報知のまま載せる　もし聞が如の尽力家ならば惜きものなれども辞職せらしは何故なるか今一層奮発せられば御為にもなるべきに　万一不平等の事はなきや　此度の御再建は申すまでもなき未曾有の大工業なれば銘々に我慢偏執の私情を離れて一分々々報謝の實意より如来聖人善知識の御慈悲を目的にせぬと少しのことより苦情も起こるものなり　一人々々の纔なる苦情も積重なりては　つまり御再建の幾分か防碍となる事なれば　どうぞ相互に和合協同を専一にいたしたきもの。

（明治十四年九月一日付）

「資料13」　開導新聞一九七

明治十四年従九月至十二月各国ヨリ志納木・米・雑回漕船一覧表

（前文略）

貫栄丸　欅三百八本樫七本　越後国梶屋敷発　十一月十三日着

千歳丸　木材二百七十三本、雑品百二十三点　越後国直江津港発　十一月二六日着

（後文略）

（明治十五年一月二十九日付）

「資料14」　開導新聞二〇五

越後国直江津新川端町の桑原元貞とかといふ家より去四日午後十一時十分頃に出火ありて戸数三百余りも焼失し本派の再建木揚場も類焼せし趣を同場へ出張の古川一等承事より本山に上申されたり。

（明治十五年二月十七日付）

「資料15」　開導新聞二四九

佛祖の御為めとはいひながら如何にも気毒なる話は越後国頸城郡栗原村五十嵐寅次郎は同村正法寺の門徒にて兼々

手篤く御法義を喜ぶ人なりしが　此度の御再建を聞き　復と逢ふべき御縁にあらざることを考へ　何なりとも御取持をと思へども　もとより身細き水呑百姓にして七十有余の老母をひかへ子供は十二年になる長女を初めとして男女をまじへて四人もあり　一家七口を寅次郎の一手を以て養ふ程の有様なれば　なかなか懇念を運ぶ余裕もなくまたまた上京して御手伝を申上ぐるわけにも至らず　如何はせんと案じ煩ふ折柄　丁度本年二月廿五日同郡新井駅より御再建用材を運搬すると聞き　屈強の時こそ来たれ同行の人々と共に新井に至り　兼て力も強く木引のことは余程くわしきにより真先に立って種々と指揮しつつひいて栗原村に来たりし頃は黄昏間近き時分なりしが　何分雪道のことなれば橇の調子がくるふて材木は更に動かず　多くの人々が種々と工夫をめぐらす中　ひときわ目立て働きしが　突然橇がすべり来たり　あれといふ間に寅次郎は石垣と材木の間に挟まれたり　それという間に大材は踊り来たり寅次郎の体の上に衝きかかるに何かはもってたまるべき　左足の小腹を骨共に打ち摧かれたるにより同行の周章大方ならず近傍より数名の医者も立会　それぞれ治療を加えし　上信州飯山の片桐某は外科に於て最も有名なればとて村民十二・三名及び親類の者二・三名にて寅次郎を連れ山をこえ渓をわたし十四里の路を経て飯山に至り　片桐氏の診察を乞ひ殆ど一月もその治療を受けたれども何分動脈を挫傷せしによりその甲斐もなく三月の十五日四十年を一期として遂に敢無なりたりき　この由を聞き本山におかせられても気毒に思召され若干かの御手当を下げ　尚大谷に於て永代祥月経を読誦せらるるやに漏れ聞く。

（明治十五年五月二十一日〜二十三日付）

「資料16」開導新聞三五八

明治十五年二月より同十一月に至るまで各国より木材米穀等回漕一覧

（前略）

徳寶丸　玄米十七石九斗二升味噌二八樽包物拾箇縄六束　越後直江津　九月十日大阪着（後略）

（明治十六年一月二十五日付）

「資料17」東京日日新聞

大持繁昌

越後の直江津にて大持あり。杉と槻の大材なりし。杉は西北に廻りて針村へ入り槻は関川を渡りて直ちに直江津へ出すよし。信心の老若男女あつまる者一万余人、去る十九日より牽きはじめ綱を引っぱり材木に取り付く、さながら蟻の群がる如くおびただし　曳曳声は念仏に和し、険阻も厭わず曳くさまは、かかる大木ゆえ道路は茅も草も引き倒さるるに、これが堤普請や川浚いでも、こう田畑や林を荒らされては承知せぬが、お寺へ納める材木は雑業の我々をお助け下さる如来様の御用と腹立つどころか銘々斧鎌を把って先立ちし、後はひとりで修繕などするさまこの辺の真宗の勢力は実に驚き入れり。この材木の廿二日に大熊川へ掛りし時は、さすがに信心の壮者も寒さに恐れしか、口ばかり囂々せしが若い女が尻をぐるりと捲り川の中へ飛び込みしに　いずれも激せられて、木は難なく向こう岸に上がりぬ。針村をば夜に入りて引きしが道は曲がれり綱は長し、先なるは後の様子を知らず無性に引張りしゆえ、綱と石垣の間に挟まれ怪我せし者三人あり。中の一人は他所の者にて向こう脛がこっち脛になり、当人は東を向けど足は早や西方浄土に向かえり、笑止千万目も充てられぬ有様なりし。この木は針村の真宗静覚寺本堂の用材なり。また同日同郡栗沢村の真宗寺へ、猿供養寺村より大持出す。大持の流行はよけれど、後生も大事だが現世も大切なれば、前のごとき怪我のないように講中の先達衆は注意られよと、通り掛りて見し者より申し送れり。（明治十六年三月七日付）

「資料18」開導新聞三八四

越後の直江津にて大持あり　杉と槻の大材なるが杉は西北に廻りて針村へ入り　槻は関川を渡りて直に直江津へ出すよしにて　信心の老若男女集まるる者一万余人　去る十九日より牽きはじめ綱を曳き材木に取付く　さながら蟻の群がる如く曳曳声は念仏に和し険阻も厭わず曳体は　何にも夥しき気色なり　廿二日に大熊川へ掛りし時は　遉に信心の壮者も寒さに恐れしか　容易に進まざりしも　若き女の川中へ飛込みしに　いずれも激されて　木は難なく向ふ

岸に上がりぬ　針村を夜に入りて引しが　道は曲がれり綱は長し　先なるは後の様子を知らず引張りしゆへ　怪我せし者三人あり　斯大木ゆへ道筋は茅も草も引倒されしに此が堤普請や川浚のため斯う田畑や林を荒されては承知せぬが　お寺へ納める材木は雑業の我々をお助け下さる如来様の御用と腹立どころか名々斧鎌を以て先立し　後は独りで修繕などするさま　此辺の真宗の繁昌は実に驚き入たり　此木は針村静覚寺本堂の用材なりしと同地より帰京せし人の話し

（明治十六年三月九日付）

「資料19」　開導新聞三八六

新潟県下越後の国刈羽郡山室村より出せし本山への献上の木材は御影堂の柱に用ひらるるもののよしにて、長さ五間一尺四寸、直径二尺八寸、八角に削りあり、柏崎近傍各村の同行凡そ二千余人、各々同行の旗を押立てて挽出すに、寺院方、示談方、世話方、有志の輩から、これが周施をなして、去る二月二十日より三月二日迄十一日間日々運送して五里余りの柏崎木揚場へ到着す。扨て到着の当日は近郷近村より運搬の御手伝として柏崎に群参せし人数は自宗他宗混じて大約一万余人と聞こえたり、早朝より真宗大谷派本願寺用材と書かせし大旗小旗数百本を建て列ねて真先に進み行く、後には幾条の縄に此人集まりとりつぎ曳々、声に合わせて目出度木揚場に納めたる景況は実に夥ただしき、なんと云うばかりなし、然れども世話方の人々手分けして前後左右を取締せしゆへに怪我せし人はなかりし、惣じて此日の賑いは老人も未聞の盛挙喜びあひ、又常々仏法を嘲りし者もさてもさても繁昌の事かなと窃かに驚嘆したりしと報知あり

（明治十六年三月十五日付）

「資料20」　開導新聞三九三

越後中頸城郡川谷村にて本山献木納の木材運搬の際雪崩なり死傷人ありしことは前号に記せしが　尚同地より詳報を得たれば左に記す

兼て献納の御再建用材を直江津木揚場に送らんと四十八ヶ村の同行日々非常に尽力せられしゆへ大に捗どり、去る十二日は川谷村字嶽といふ處にかかる人夫凡そ千七八百人程　皆高声に念仏を唱へ曳々と進む折から、岳上俄に鳴動し恰も千百の雷一時に落来るが如き響きなれば、驚きながら仰ぎ見ればコハ如何に　遥か峯より深さ一丈方二町程の積雪が崩れ来るなれば、スハ大変なるぞ　逃げよ逃げれよと立騒ぎ　我助からんとあせれども如何にせん　此處は嶮山の半腹にて平常と雖ども一歩を誤るときは一命も危き難所なれば　親は子を救うの遑なく夫は妻を顧へる能はずアハヤ此人数悉く雪中に埋められんずる勢ひなりしも、不思議なるかなさしも大ひなる雪塊二つに裂け　小なる方が先に下り大なるは且く中途に停まりたれば、此間に強壮疾速の者共は辛く逃れたれども　老幼婦女足弱の輩がらは逃げ後れ　助けて呉れよ、救ふて呉れと泣き叫びつつ迷ひゐるうち、再び落来る雪と共に憐むべく谷の内に引入られぬ余りのことに逃げし者も救助せん手術もなく　只大音に涙乍らに念仏を称えて傍観するのみ　中には見るに偲びずして気絶せし人もありしと、さりとて捨置べきにあらねば直ちに各村へ変を告げて人を集め　俄に小屋を繕い、薪を樵りて大焼火をなし　雪中より怪我人を掘出すや否や親疎を分たず　男女を論ぜず　火に温め又は肌をもて煖ため看護怠たらざりしかば漸々に息を吹返し蘇生するもの多く　絶命せし者は僅かに二十七名に過ぎさりしは、不幸中の幸というべし　右につき直江津木揚場より大道智林氏医師を連将て出張せられ死亡者の遺族へ即座に手当金を遣はされ傷人には厚く治療を加へらる　又高田御別院よりは輪番大野智教氏が出向れ死傷人の家族へ一々懇切に挨拶せられければ、皆々歎きの中に喜びを起こし　一層本山を慕いて右の変事に屈する景色もなく、昨今更に木材運搬の協議中なりとぞ　実に書くにも痛ましき事にて記者も思わず落涙を催せり

（明治十六年三月二十九日付）

「資料21」　開導新聞三九八

前号にも屢々記載せし越後中頸城郡の信徒が御再建用材運搬の砌不幸にして雪崩の為に死亡せし人々の姓名を聞くに　同国東頸城郡嶺村布施久蔵は円重寺門徒にて年は五十四歳なり　同布施辰五郎は西方寺門とにて年は三十三歳

同中島万吉の五女やすは禅宗竹林寺の門徒にて年は十三歳　同郡板山村小山忠吉の二女とめは禅宗顕正寺門徒にて年は十三　同小山元吉二女さかは禅宗竹林寺門徒にて年は十五　同中頸城郡川谷村若井与平治は法西寺門徒にて年は五十四　同若井乙吉三女とめ十三　同宮川六助長女つな十一　若井助左衛門四女それは浄土宗称名寺門徒にて年は十二　同若井市太郎弟若井義八十六歳　同若井六郎左衛門孫せんは称名寺門徒にて満四歳　尾神村杉田太次郎弟杉田当作は威徳寺門徒十二年　同杉田九左衛門三女とのは本願寺派雲妙寺門徒年は十五　同人四女いの九年　同人六女やす満四年　秦野弥総八長男秦野勇蔵満十年　同人の妻みな三十六年　同長谷川善右衛門二女そめ十六年　杉田岩松妻みよ二十六年　東横山村今井徳太郎妻そのは禅宗の雲門寺門徒にて年は四十一　同人二男今井藤蔵十年　今井与次郎二男今井亀太郎は本願寺派石仙寺門徒にて年は十一　平等寺村杉田友吉娘さかは万願寺門徒にて年は十三　杉田喜太郎妹杉田かち十四年　同人二女せい満二年　杉田友吉妻すい三十五年　同人長女よし二年の二十七名なりしよし　両法主殿に於かせられてもこの有様を聞かせられ深く憫然に思召され已に大谷に於いて御読経になり　また夫々御手当てを下し置さられしやに承まはる。

（明治十六年四月十三日付）

「資料22」読売新聞

越後にて二十七人圧死

先ごろも越中にて、本山へ上げる材木の為に曳殺された、野蛮騒ぎを出しましたが、また斯る惨たらしい報知を得るは、歎息の至るなり。新潟県下中頸城郡川谷村の人民は例の門徒の凝り固まり多ければ、去る十二日大きな材木を御本山へ上るとて、数千人にてエイヤ声して曳出した処、雪の為に、三十余人圧し殺され、目が飛び出たり、五体が挫け、雪を血汐に染めたるは、此世からの地獄の体相で有ったが、信者は是も阿弥陀の御利益と悦ぶならんと、同地よりの急報。

（明治十六年三月二十日付）

「資料23」 東京日日新聞

大持中に雪崩、死者三十二人

雪頽れ　越後国中頸城郡川谷村にて、去る十二日、例の同地に流行る大持あり。二千余人の人夫が出でて曳々声で引き出す折も折り、同村内の嶽山へ掛りしは午後二時なりし。我然として北嶽より竪幅の四、五十間もあるらん、雪山の轟々と音して地軸も摧くべき勢いにて頽れかかり、大材の上に落ち重なれば、片端なるは幸いに這々逃げ退きしも、無慚や雪の底に埋もれし者は幾百人なるを知らず。思いがけぬに狼狽して騒ぎに騒ぐ中に、夜に入りようやく村々より人足も集まり、松明を焼き提灯を点し、口々より掘りかかり、翌々十四日までに掘り出せし死骸は百余にて、内に全く死せし者三十二人、余は多少の怪我にて、命だけは取り止めぬ。さてここにてその日に出でし人別検査しに、着到に出合えば検視を受け各自の寺院へ埋葬せり。実に未曾有のことなれば、その趣きを電信にて、西京の東本願寺へ申し送れりとぞ。こはこれ、あながちに天変とのみも云い難き災厄なるが如し。

(明治十六年三月二十六日付)

「資料24」 川谷嶽ニ於テ雪ナゼ落ノ為廿七人変死人始末書

川谷嶽ニ於テ雪ナゼ落ノ為廿七人変死人始末書

変死人ノ儀ニ付手続書

新潟県越後国東頸城郡嶺村平民農戸主

布施久蔵　五十四年

同県同郡同村平民農戸主

布施辰五郎　三十三年二ヶ月

同県同郡同村平民農中島万吉五女

中島やス　十三年四ヶ月

同県同郡板山村平民農小山忠吉二女
小山トメ　十三年
同県同郡同村平民農小山元吉二女
小山サカ　十五年
同県中頸城郡川谷村平民農戸主
若井與平治　五十四年
同村平民農若井乙吉三女
若井トメ　九年
同村平民農宮川六助長女
宮川ツナ　十一年
同村平民農若井助左衛門四女
若井リカ　十二年
同村平民農若井六郎左衛門孫
若井セン　四年
同村平民農若井市太郎弟
若井美八　十六年
同県同郡尾神村平民農杉太次郎弟
杉田当作　十二年
同村平民農杉田九左衛門三女
杉田との　十五年

同人四女
杉田いの　九年
同人六女
杉田やす　四年
同村平民農秦野弥惣八長男
秦野勇蔵　十年
同人妻
秦野ミナ　三拾六年
同村平民農長谷川善右衛門二女
長谷川ソメ　十六年
同村平民農杉田岩松妻
杉田ミヨ　廿三年
同県同郡東横山村平民農今井徳太郎妻
今井ソメ　四十一年
同人二男
今井藤蔵　十年
同村平民農今井与治郎三男
今井亀太郎　十一年
同県同郡平等寺村平民農杉田友吉娘
杉田サカ　十三年

同村平民農杉田喜太郎妹　　杉田カチ　十四年
右同人二女　　杉田セイ　二年
同郡《ママ》平民農杉田友吉妻　　杉田スイ　三十五年
右同人長女　　杉田ヨシ　二年

〆廿七人

右者明治十六年三月十二日午後第二時頃中頸城郡川谷村地内字嶽ト唱ル処ニ於テ山頂ヨリナゼ雪ノ為メ変死ノ始末左二申上候

一今般西京東本願寺造営ニ付該用材木寄附有志者中頸城郡川谷村々中ニシテ則チ同村ヨリケヤキノ良材三本伐木シ本年三月五日ヨリ柿崎村迄運搬ノ為メ一村中ノ人員ニテ迚モ運送難相成ヨリ近郷各村々運送手伝方依頼該日ヨリ各村人夫夥多集合日々運搬中仝十二日午后第二時頃川谷村字嶽ト唱フル処ノ山腹運送中ニ豈図ランヤ該山頂積雪凡ソ壱丈程モ有之候処巾弐町余長壱町余ナゼ雪突出四五町程モ落来リ　其為メ如是非命ニ陥リタルモノニ相違無之尤該人夫殆ト壱千六七百人ニシテ各自声高ヲ以一途ニ運搬ノ早キヲ旨トシ前后ノ危キモ不顧唯々雑還シ該ナゼ雪落来ル響キノ音モ聞クモノナク漸ク逃《ママ》ツキ周章狼狽四方ニ逃ケントスルモ如何セン該処ハ嶮山ノ渓腹若シ一歩ヲ誤ラバ一命モ危キ処ニテ敢テ逃ダル術ナシ殊ニ積雪未タ六尺モアリ旁以テ如何共スル能ハズ然レ共幸ニ途ニ一時留ラントセシ好機ノ隙キニ強壮ノモノハ疾足逃グルアリ偶々些々タルナゼヲ負フモ辛ク此難ヲ避ケタリト雖モ如何セン独リ老幼者ニ至ラハ気力

ナク深雪ナレバ碌々歩行モ自由ナラズ中ニ是レガ為メ気絶セシモノアリ故ニ老幼者ノミ多ク死ヲ果シタル義ニ御座候
尤怪我人惣テ五十人程モ有之候得共敢テ一命ニ差閊モ無之候且ツ東頸城郡ノ者モアリテ其家族ヨリ管轄安塚警察御署
ヘ御届申上候処速ニ署長警部尾崎三郎殿外巡査乃弐名御引連柿崎分署ノ御助成トシテ御出張両署ノ警部巡査方初メ
夫々ニ各戸長ヨリ御指揮ノ上外村ヨリ数千人ノ人夫ヲ以漸ク掘出タル儀ニ御座候他に異状モ無之依テ連署ヲ以テ前条
申上候通聊カ相違無之候也

（右廿七人変死父兄各印略す）

明治十六年三月十四日

右板山村戸長役場筆生　内山巌
右嶺村戸長　布施嶺吉
右川谷村戸　長宮川吉郎
右尾神村戸長　藤野俊平
右東横山村戸長　中村周太郎
右平等寺村戸　往住九平太

高田警察署柿崎分署長
警部補代理巡査金沢重尾殿

前書申立テ候趣相違無之ニ付奥書致候也

（上越市柿崎区東横山「中村家文書」）

「資料25」 変死人之儀ニ付手続書

変死人之儀ニ付手続書

新潟県越後国東頸城郡嶺村　平民　農　戸主

布施久蔵　五十四年

右ハ明治十六年三月十二日午後第二時頃、中頸城郡川谷地内字嶽と唱フル処ニ於テ、山頂ヨリナゼ雪ノ為メ変死ノ始末左に申上候

一　今般西京　東本願寺造営ニ付、該用材木寄付有志者中頸城川谷村々中ニシテ、則チ同村ヨリケヤキノ良材三本伐木シ、本年三月五日ヨリ柿崎村迄運搬ノ為メ、一村中ノ人員ニテハ迚モ運送難相成ヨリ、近郷各村へ運送手伝方依頼、該日ヨリ各村人夫夥多集合、日々運搬中、同十二日午後第二時頃、川谷村地内字嶽ト唱フル処ノ山復運搬中豈図ンヤ、該山頂積雪凡ソ壱丈程も有之処、巾弐町余長壱町程ナゼ雪突出、凡五町程モ落来リ、其為め如是非命ニ陥リタルモノニ相違無之、尤モ該人夫殆ント壱千六七百人ニシテ、各自高声ヲ以テ一途ニ運搬ノ早キヲ旨トシ、前後ノ危キモ不顧、唯々雑還シ、該ナゼ雪落チ来ル響キノ音モ聞クモノナク、漸ク近ツキ周章狼狽四方ニ逃ケントスルモ如何セン、該所ハ嶮山ノ渓腹、若シ一歩ヲ誤ラバ一命モ危キ処ニテ、敢テ逃げグル術ナシ、殊ニ積雪未ダ六七尺モアリ旁以如何トモスル能ハス、然レトモ幸ニ該ナゼハ一時ニ落来ラズ、小ヨリ大トナリ或ハ中途ニ一時留ンラントセシ好機ノ隙キニ、強壮ノモノハ疾足逃タルアリ、隅々些々タルナゼヲ負フモ辛ク、此難ヲ避ケタリト雖トモ、如何ンセン独リ老幼ニ至テハ気カナク、深雪ナレハ碌々歩行モ自由ナラス、中々是レガ為メ気絶セシモノアリ、故ニ老幼者ノミ多ク死ヲ果シタル義ニ御座候

尤モ怪我人ハ惣テ五十人程モ有之候得共、敢テ一命ニ差問へモ無之候、且ツ東頸城郡ノ者モアリテ、其家族ヨリ官轄安塚警察御署へ御届申上候処、速ニ署長警部尾崎三郎殿外巡査弐名御引連、柿崎分署ノ御助勢トシテ御出張ノ両署ノ警部巡査方始めニ戸長ヨリ御指揮之上、外村ヨリ数千人ノ人夫ヲ以テ、漸ク堀出タル義ニ御座候、他ニ異状モ無之、

依テ連署ヲ以テ前条申上候通リ、聊カ相違無之候也

明治十六年三月十四日

東頸城郡嶺村　布施辰五郎親類　佐藤弥一郎

新潟県令永山殿

（上越市大島区「中条家文書」）

「資料26」御検視願

御検視願

新潟県越後国東頸城郡

嶺村平民農戸主

布施久蔵

禅宗　五十四年

（外廿六人略ス）

右ハ本月十二日午后第二時頃中頸城郡川谷村地内字嶽ト唱フル処ニ於テ山頂ヨリナゼ雪ノ為メ変死仕候未タ掘出タルモノ僅ニ弐三名ニテ御座ナリ候得共不害易儀ニ付不取敢此段御届申上候間御検視奉願上候以上

明治十六年三月十二日

新潟県中頸城郡川谷村戸長　宮川吉郎

尾神村戸長　藤野俊平

坪野戸長　往住九平太

石谷村戸長　佐藤長治

東横山村戸長　中村周太郎

其外弐名
新潟県令永山盛輝殿
（上越市大島区「中条家文書」）

「資料27」 去三月十二日川谷村地内天災事件ニ付始末上申

去三月十二日川谷村地内天災事件ニ付始末上申

越後中頸城郡川谷村ヨリ両堂御再建用材ニ本献納ニ相成リ、已ニ昨年伐木致シ本年三月五日頃ヨリ運搬ニ取掛リ候処、迚モ一村人民ノ自力ニ及バズ、近郷数十ヶ村ヘ助力ヲ依頼シ、正に千有余ノ人夫ヲシテ、毎日運搬仕候得共、該地ハ実ニ峻嶺聯綿トシテ、千尋崎嶇以テ挙グル可ラス、夏日ハ羊腸タル経路ヲ通シ漸ク歩行スル而已、況ヤ積雪玲瓏トシテノ満目銀世界ヲ見ルニ於テオヤ、嵯峨タル小嶺も階を登ルカ如ク、若シ一歩ヲ過タハ一命モ危キ地ナルヲ以テ艱難言フ可ラスト雖モ、等々皆報恩ノ重キヲ思ヒ、運搬ノ早キヲ旨トシ、非常ニ尽カシ字嶽ト唱ウフル処ニ来リ時、俄然該嶽山ノ上ヨリ二百間余ノ雪崩落罹リ一同狼狽逃ント欲スルモ、嶮路地ナルヲ如何セン、殊ニ当日ハ前夜深雪一尺余モ降リ積リ歩行最モ不自由、只壮者ハ辛クシテ纔カニ一命ヲ助クルト雖モ、其老幼者ニ至リテハ逃グルニ術ナク、ナゼ雪ヲ被ルモノ幾百人、実に此ノ時ノ惨状タルヤ、父ハ子ヲ喚ビ子ハ父ヲ泣キ号叫、天ニ響キ雑沓地ノ震フノ有様言語ニ絶シ、筆紙ノ及ブ処ニ非ズ、是即本年三月十二日午後二時頃ナリ、然リ而シテナゼノ止ムヤ否ヤ无難者ハ親疎ヲ論ゼズ、男女ヲ分タズ、或ハ素手或ハ器機ヲ以テナゼ雪ヲ堀リ被害者ヲ救ヒ、帯ヲ解キ肌ヲ以テ温メ、数ヶ処ニ火を燃キ水ヲ汲ミ薬含ム等ノ一方ナラザル尽カニ依テ、漸ク蘇生スル者亦幾多ナリ、然リト雖モ不幸ニシテ即死ノ難ニ罹ルモノ廿余七名、重傷タル者凡ソ八名、此ノ凶報一度達スルヤ、近郷各村々ニハ我レ一トカケツケ、高張明松ヲ灯シ、昼夜幾千人ヲシテ死骸等ヲ掘リ出ス事ニ尽カセン事二夜三日ナリ、此ノ始末タルヤ関係三郡　東頸城中頸城苅羽ニ及ヒ、村数四十六ヶ村ニシテ直チニ其筋ヘ上申及フヤ否ヤ、高田警察柿崎分署ヨリ巡査二人安塚警察署長外巡査二人出張ニ相成リ、各戸長ト共ニ検死ニ及バレタリ、又此天災起ルヤ取不敢該場所ヨリ居合セ寺院ノ名称ヲ以テ、御本山事務所ヘ宛上申ニ及ヒ、尚ホ直江津木揚場ヘ翌早朝尾神村藤野惣太郎山賀喜三郎ノ両名ヲ以テ御届申上候処、同十五日右木揚場ヨリ大道智林氏外書記一名尾神村藤野俊平方ヘ出張相成、最寄寺院御招キノ上、右災害次第地方ノ事情逐一尋問ニ相成、同十七日山直海村専徳寺ヘ御引取リ、仝廿二日迄該寺ニ於テ大小寺務ヲ取行ハレ、先ヅ差当リ手当トシテ死亡人遺族ヘ大人ハ金弐円、負傷人ヘハ金一円、或ハ金二円宛夫々ヘ御遣シノ上、御懇篤ノ御説諭相成リ、其外事大小トナク最寄寺院共ニ有志ト議リ宜ク地方ノ民情ヲ酌量シ、適当ノ処置ヲ行ハレ候ニ付、大イニ民心ヲ快復シ、大法主殿ノ尊慮ヲ各人ノ脳裏ニ感覚セシメ、愈々報謝ノ懇念ヲ励シムル事偏ヘニ御高恩ノ尓シムル処ト申シ乍ラ、又大道氏ノ尽力不浅ニヨル、加之高田別院ヨリ大照師御見舞トシテ、仝十七日専徳寺迄出張ニ相成リ、方々以テ大ニ地方門末ノ民心ヲ振起シ、数千人ノ人夫ヲシテ亦々、仝廿二日ヨリ用材運搬ニ取掛リ、毎日数千人人夫ヲシテ称名ト共ニ師恩ノ辱キヲ唱エ、我レ一ト尽力セシヲ以テ、尾神村ヨリ献木ノ木材三本、仝三十日仝郡直海浜ノ海岸迄引着ケ、川谷村ヨリ献納ノ一本同郡灰庭村迄引出シ候得共、何分雪消時運搬ニ差支ヘ寄拠ナク、同地ニ留地置候、如此ク民心ヲシテ感覚振起セシムル事、偏ニ御威徳ノ然ラシムル処トハ申し乍ラ、又大道氏ノ取計リ毫モ先例ヲ出ズシテ、最寄寺院並ニ有志ト協議ノ上、宜シク地方ノ民情ニ適当セン事ト、地方寺院並ニ有志一同協和尽力トヨリ成ル処是レ多シ、加之今般深重ノ尊慮ヲ以テ罹災人御悼弔ノ為メ、能々御使僧御差向ケノ特典ヲ行ハセラレ、本月二日専徳寺ヘ御到着ニ相成リ、直グ様最寄寺院ヲ招集アリテ、翌三四両日死亡人遺族等ヲ御招キ追悼ノ読経並御教諭有之、即日法主殿ヨリ賜ハル旨ヲ以テ、死亡人ヘ沈香一包、負傷人其他今度ノ事件ニ尽力ノ有志ヘ氷砂糖一箱渡シニ相成リ、一同歓喜ノ恩ヲナシ、等シク感涙ニムセブ、翌五日ハ災地見分カタガタ川谷村法西寺ヘ御移リ、六七日両日御教諭、八日ニハ御帰途、平等寺万願寺ヘ御立寄リ、翌九日御教諭、十日ニハ早朝御発シ高田別院ヘ御帰リニ相成候、此の間大道氏再ビ御使僧ト共ニ出張アリテ、寺務大小トナク地方寺院並有志ト計リテ施行有之ニ付、都合好順序ヲ得、万端衆望満足ヲ興ヘ、郷里ノ門末ヲシテ大イニ歓喜ノ思イヲ増サシメタリ、又地方有志ノ徒ハ該災地ニ一大石碑ヲ立テ追弔法莚ヲ開キ以テ上ハ、法主殿ノ優握ナル芳恩ニ応ヘ、下ハ亡者ノ霊魂ヲ慰サメント欲シ、尚ホ此ノ天災ヲ一大因縁トシテ、講社ヲ取結ビ、永く十二日ヲ講日ト定メ、法義相続ヲ肝要トシ須ク報謝ノ懇念ヲ運バント尽力最中ニ御座候間、右ノ始末概略上申候也

明治十六年四月

地方有志惣代越後国中頸城郡川谷村 宮川吉良
仝国仝郡尾神村 藤野俊平
仝国仝郡川谷村法西寺住職 松浦恵敬
仝国仝郡山直海村専徳寺住職 松村秀月
仝国仝郡仝村善立寺住職 山越智祐
仝国仝郡下小沢村威徳寺住職 法山徳嶺
仝国仝郡平等寺村万願寺住職 平山法海

再建局管理 中教区大谷勝尊殿

（上越市 渡辺慶一氏蒐集文書）

「資料28」 東京日日新聞

夜中にすすり泣く寺の古木

越後西蒲原郡吉田町栄達寺の境内に、樫の大樹あり。随分古木なるが、去る一日の頃より真夜中に至れば、いとも悲しげなる声にて泣き出すに、住職始め心を用い耳を傾け居るに、毎夜刻限を誤たず恨みを訴え、哀れを乞う切なるがごとくなれば、壇中より両三名交代宿直して、該樹を擁り居るという。或る人の話に、諸方の名樹は往々東本願寺に献木せしに、この樹のみこの栄えに遇わざるを恨んでの事ならんと、東京の或る新聞に見えたるが、これが真実ならいかにも不思議ならずや。

（明治十六年三月二十六日付）

「資料29」朝日新聞

女性の髪二千五百貫を縄の材料に使う

女のかみすじにてよれる綱には、大像もよくつながれと徒然草にも見ゆる通り、その力の強きことは実に頭髪に如くものなかるべし。されば今般、大谷派本願寺の再建用の縄の資料に供せんとて、北国筋の信者が兼ねてより女の頭髪を多く貯えおき、これを昨今同寺へ寄進せし高は、すでに拾二貫目入りの俵二百三十個もあり。別にまた去月の二十八日、越後新潟近傍の信者より同様寄進したる頭髪の総計二百五十七貫目は残らず白髪なり。よってその原因を聞くに、元治甲子の秋七月、同寺の烏有に帰せしとき、同国の信者は早晩再建の挙あるべきをはかりて、七十以上の老男女は皆頭髪を剃りて、年々これを貯えおきて、ついに今日までに至りしものなれば、尋常の頭髪とはやや同一視すべからずとの事より、この白髪にて製せし縄は、祖師堂の棟木上げの節用いらるる都合なりとか。何しても大荘なる頭髪というべし。

（明治十七年三月七日付）

「資料30」自由燈新聞

十七万八千人余が頭髪寄進のために尼に

ああ惜しむべし十七万八千四百人の尼　真宗大谷派本願寺御堂再建につき、諸国の門徒より大材木を寄進したる中にも、三河、甲斐、越後等より寄付せしは最も巨大なる材木にて、これを運搬するに繋ぐ索は婦人の毛髪をもて製したる索がよろしきとて、このたび越後国の信者より寄附せしは頭髪綯の索は、同国の信徒中十二歳より三十歳の婦人の頭髪を以ってしたるが、妙齢の処女を無暗に坊主になしては、定めし婚姻の害にならんと思いの外、牛太郎の娘どんは坊主になって髪毛をご本山へ献納した故、極洛浄土へゆかるる、甚次郎兵衛の妹どんはお有難い阿弥陀如来さまのお側へ行きなさるは結構な事じゃ、杢右衛門の噂さまは成仏疑いなしだなど、かえって娘や姉妹の縁談が速やかに整いしは実に不可思議にて、尼になった女は都合山王の猿より多く、十七万八千四百人ありと。京都の新聞に見えておます。

（明治十八年二月十日付）

「資料31」 明治二十二年本山報告一九

毛綱

本山両堂再建工事ニ使用セシ毛綱ハ総計五十三筋ニシテ多ク各地信徒ヨリ毛髪ヲ剃除寄付セシモノナルヲ以テ本部ニ於テモ永クハ之ヲ保存センコトヲ図リシカ其二十九筋ハ各地用材運搬中消耗ニ属シ丈尺量目等詳ナラスソノ現存スルモノ二十四筋ナリ依テ毛綱寄付ノ地方及ヒ現存ノ量目等ヲ左ニ登録ス

寄付方

越中国　十六筋　越後国　十五筋　越前国　三筋　磐城国　一筋
羽後国　十筋　讃岐国　四筋　播磨国　三筋　豊後国　一筋

（明治二十二年）

「資料32」 東京日日新聞

御影堂が落成

安政五年六月回禄の災いに罹りたる真宗大谷派本願寺（京都）は、明治以来仏教の衰運に向かいしにも係らず、法主及び役僧信徒等の熱心を以って、ようやく回運の時期到来し、去る明治十二年五月十二日をトし、文政年間の御影堂の図に基づき、尾州の伊藤平左衛門を大工棟梁となし、経費三百万円の予算にて起工式を行い、工事に着手したるに、一朝民間の不景気よりして建築費用に差し支えを生じ、工事の進歩もはなはだ遅々たりしが、昨今はほぼ竣工したるに付き、来る四月廿七日より五月四日に至る七昼夜には、前住職光朗達如上人の廿五年忌を営み、五月五日より七日までに阿弥陀堂柱立式を行い、次いで同じき九日を期し、御影堂の落成式を挙行すると云う。

（明治二十二年一月二十六日付）

「資料33」国民新聞

阿弥陀堂・祖師両堂十六年ぶりに完成

十六年間の大工事なる　京都東本願寺阿弥陀、祖師両堂は六十間に四十余間の大伽藍なるが、去る明治十二年の起工に係り、三十余万信徒の丹誠により、爾来駸々としていよいよ去る六日を以って全く落成したれば、予期のごとく、来る十五日より遷仏大法会を修行するはずなり。

（明治二十八年四月十一日付）

「資料34」北越雪譜

䡎

䡎の大なるを里言に修羅といふ事前にもいへり、これに大材木あるひは大石をのせてひくを大持といふ。ひととせ京都本願寺御普請の時、末口五尺あまり、長さ十丈あまりの槻を挽し事ありき。かかる時は修羅を二ツ三ツもかくるなり。材木は雪のふらざる秋伐りて、そのまま山中におき、䡎を用ふる時にいたりてひきいだす。かかる大材を挽をもって雪の堅をしるべし。田圃も平一面の雪なればひくべき所へ直道にひきゆくゆゑ、甚弁なり。修羅に大綱をつけ、左右に枝綱いくすじもあり、まつさきに本願寺御用木といふ幟を二本持つ、信心の老若男女童等までも蟻の如くあつまりてこれをひく。木やり音頭取五七人、花やかなる色木綿の衣類に彩紙の麾採（柄に房をつけて指揮するに用いる）て材木の上にありて木やりをうたふ。その歌の一ツにハアーうさぎうさぎ児兎ハアヽ―わが耳はなぜながいハアヽ―母の胎内にいた時に笹の葉のまれてハアアーそれで耳がながいー大持がうかんだハアアー花の都へみりだした（幾百人同音に）―いヽとうい、とうーそのこゑさまさずやってくれーい、とういヽとう。児曹らが手遊の䡎もあり、氷柱の六七尺もあるをそりにのせて大持の学びをなし、木やりをうたひ引あるきて戯れあそぶなど、暖国にはあるまじく聞もせざる事なるべし。猶䡎に種々の話あれどもさのみはとてもらせり。

（『北越雪譜』一之巻）

あとがき

明治度の御影堂・阿弥陀堂の再建の伝承や文書に出会うたびに、当時の門徒の篤い思いがひしひしと伝わってくる。貧しい生活をさらに切り詰めて米一俵を献納した話、村中の女性が黒髪を切って袋に詰めて送った話、工事を手伝うために京へ上った話、再建用材を運ぶ大橇のために二月の寒中に大きな川に橋を架けた話等々。中でも尾神岳の中腹で起きた雪崩遭難を伝える文書は、涙なくして読むことはできない。二十七人の犠牲者のうち、背中の幼児と共に亡くなった娘子が三人いることや、それを助けようとした親が一緒に亡くなっていることもあり、それらの文書は事故の悲惨さを際立たせるのである。

そして、この事故の特徴は、二千人ともいわれる近隣の人の前で起きた事故だったことであろう。悲惨な事故を目撃した人々は大きな心的傷害を負ったに違いない。それが、この事故の詳細を伝えることを封印させたのであろうか、地元川谷や尾神にはその事故の伝承者がきわめて少ない。そしてこのことが、報尽為期碑にまつわる話を不正確なまま伝承させてしまったのである。しかし、幸いなことに、このたびの古文書の再調査と聞き取り調査によって、雪崩遭難に出会った献木用材の伐採場所や搬送方法などを、より詳細に知ることができた。これは真宗大谷派にとってもたいへん嬉しいことである。

報尽為期碑は、ただ単なる雪崩遭難の記念碑ではない。御影堂や阿弥陀堂の礎となった人たちの碑であり、真宗大谷派の重要な史跡である。どうか機会をつくって報尽為期碑を訪ねていただきたい。碑にたどり着くには遠い道のりであるが、訪ねれば、京都の御影堂に感嘆した喜びは、ここに報尽碑があるからだとうなずいていただけるであろう。一度ならず二度三度と訪ねて、当時の人々の信心の深さを想っていただきたいものである。

最後になったが、今回の調査にあたり、たくさんの方々から懇切丁寧な御援助や御指導をいただいたことを深く感謝申し上げるとともに、原稿作成について、御指導いただいた方々に厚くお礼申し上げる。そして、今後も報尽為期碑にまつわる新しい情報を寄せていただけるように、お願いしたいと思っている。

二〇〇七年三月

上野實英

参考文献・資料

『東本願寺――明治造営百年』（真宗大谷派本廟維持財団、一九七八年）
パンフレット『報盡為期』（真宗大谷派高田教務所、一九七九年）
『明治ニュース事典』明治ニュース事典編纂委員会編（毎日コミュニケーションズ、一九八三―八六年）
渡辺慶一「越後尾神嶽遭難記」（新潟県人文研究会編『越佐研究』四十二集所収、一九八五年）
『配紙――復刻版』（真宗大谷派宗務所出版部、一九八九年）
『宗報――復刻版』宗報発行所編（真宗大谷派宗務所出版部、一九九二―九七年）
『尾神殉難誌』真宗大谷派高田教区聖跡顕彰委員会編（真宗大谷派高田教務所、一九九四年）
『開導新聞――復刻版』開導社編（真宗大谷派宗務所出版部、一九九九年）
吉川区文書、柿崎区文書、大島区文書（上越市史編纂室保管）
その他、個人蒐集の近現代文書

上野實英（うえの　じつえい）
1937年、新潟県中頸城郡吉川村に生まれる。
1961年、信州大学教育学部卒。
1961年、新潟県公立学校教員。
1998年、新潟県公立学校教員退職。
2001年、真宗大谷派養善寺住職。

真宗本廟再建悲話
いのち　いしずえ

二〇〇七年四月一〇日　初版第一刷発行

著　者　上野實英
発行者　西村七兵衛
発行所　株式会社　法藏館
京都市下京区正面通烏丸東入
郵便番号　六〇〇-八一五三
電話　〇七五-三四三-〇〇三〇（編集）
　　　〇七五-三四三-五六五六（営業）

印刷　立生株式会社／製本　有限会社　清水製本所

ISBN 978-4-8318-8937-9 C0015